서거석의
학생중심
미래교육

서거석의
학생중심
미래교육

지은이 서거석
펴낸곳 도서출판 아람

초판 1쇄 발행 2022년 2월 21일

도서출판 아람
전라북도 전주시 덕진구 건산로 299 석환빌딩 3층
전화: 063-246-3637

값 20,000원

ISBN 979-11-966537-7-4 03300

서거석의
학생중심
미래교육

전북교육 대전환을 위한
촉매가 되기를…

지난 4년간 나는 교육만 생각하며 달려왔다. 평생 대학 강단에서 학생을 가르쳤고, 학장을 거쳐 대학총장 연임은 물론, 전국 국공립사립대학교 총장협의회장까지 거쳤지만 초·중등 교육은 내게 또 다른 신세계였다. 하나하나 걸음마를 떼듯 접근하지 않으면 안 되었기에 많은 사람들을 만났고, 학교나 기관은 물론 수많은 자료들을 섭렵해야 했다.

이 책은 교육담론을 펼치며 이어진 여정의 결과물이다. 단순히 책을 쓰기 위한 작업이 아닌, 교육 만인보적 성격의 행보가 담긴 것이다. 이렇게 교육에 대한 사색과 고민, 체험으로 쓰인 글들은 대부분 언론에 발표됐다. 그 글들이 주축이 돼 이 책이 엮어졌으니 머리가 아닌 발로 쓴 책이라고 해야 할 것이다.

나는 '학생중심 미래교육'을 기치로 내걸었다. '학생중심'은 교육의 중심을 오로지 학생에게 두고 가자는 가치이다. 학교의 환경 개선이나 교사들에 대한 지원 정책일지라도 그것의 종착점은 학생이어야 한다. 학생들이 바르게 성장하고, 건강한 민주시민으로 성장할 수 있게 하기에 모든 것들이 필요한 것이다.

학생은 교육 대상이 아니라, 스스로 성장하기에 교육의 주체이다. 그러니까 교육과정 전반에 학생의 의견이 반영되어야 한다. 예를 들어 체육대회나 학교 축제를 학생들이 주도해야 한다. 1년에 몇 번 할지, 또 어떻게 운영할지를 모두 학생회 주도로 해야 학교자치가 실현된다. 학교 급식의 메뉴를 학생이 정하게 해 급식의 만족도도 높여야 한다.

미래교육은 낡은 이념을 털어내는 데서 비롯돼야 한다. 민주진보라는 말을 쓰면서 교육을 이념적으로 접근하는 세력들이 있다. 그들은 자신들이 아니면 과거 교육으로 돌아간다고 주장한다. 그들이 정말 진보적 가치를 지닌 사람들일까? 낡은 이념으로 교육계를 편 가르려는 정치적 수사(修辭)이자, 기득권을 유지하려는 행보에 다름 아니다.

도래한 4차산업혁명은 교육의 대전환을 요구하고 있다. 인공지능(AI), 사물인터넷(IoT), 로봇기술, 드론, 자율 주행차, 가상현실(VR) 등이 연결돼 융합하는 세상에서 우리 교육은 어떻게 대비해야 할까? 창의성을 기르지 않으면 컴퓨터에 예속되기 쉽다. 그래서 인문학 교육이 필요하고, 코딩교육과 같은 알고리즘도 공부해야 한다.

여기에 쓰나미처럼 찾아온 코로나19와 같은 팬더믹에서 원격수업으로 인한 학력격차의 심화, 기초학력 부진 등 풀어야 할 과제도 산적해 있다. 교육공동체의 결속은 물론 지자체와 협치를 통한 상생 프로그램을 만들어내야 한다. 이 책은 그런 고민과 해결책들을 찾기 위한 노력의 결과이기도 하다.

아무쪼록 이 책이 '학생중심 미래교육'으로 전북교육이 대전환하기 위한 공감대 형성의 촉매가 되었으면 한다. 부족한 나에게 의견과 조언을 아끼지 않은 교육가족과 학교 밖에서 교육을 걱정하며 함께 해주신 도민 여러분 덕분에 이 책이 마무리되었다. 이 자리를 빌려 감사의 말씀을 전한다.

2022년 2월

서거석

'학생중심 미래교육'에 담긴
교육철학은 합리적인 진보주의이다.

정세균(제46대 국무총리)

교육은 미래입니다. 미래 인재를 길러내기 위해서는 앞으로 다가올 시대 변화에 대한 전망과 혜안이 뒷받침되어야 합니다. 첨단 디지털 문명의 4차 산업혁명 시대가 요구하는 인재상은 20세기 공장형 산업화 시대의 인재와는 전혀 다릅니다. 획일적이고 표준화된 교육이 아니라 수요자 중심의 맞춤형 교육이 이뤄져야 합니다. 기술 혁신을 반영한 디지털 중심 학습 환경을 구축해 수업의 질을 높이고 인권 교육, 기후위기 대응 교육과 같은 전환적 교육이 이뤄져야 합니다. 그런 점에서 서거석 전 전북대 총장이 펴낸 책『학생 중심 미래교육』에 담긴 전북교육 대전환 구상은 우리에게 많은 시사점을 던져주고 있습니다.

교육은 혁신입니다. 8년간 전북대 총장을 맡아 대학 혁신을 이끌었던 그는 구성원들과 격의 없는 소통은 물론 섬김의 리더십으로 조직의 열정을 이끌어 냈습니다. '혁신의 아이콘'이라는 별명처럼 그가 이끌던 시기 전북대학교는 자타가 공인하는 명문 국립대학으로 발돋움했습니다. 중앙일보 대학평가에서 국립대 최상위권에 올랐으며, 전국 대학 중 학생만족도와 '잘 가르치는 대학' 1위에 오르는 등 최고의 명문으로 도약했습니다. 또 전북대학교 총장을 넘어 204개 전국 국·사립대총장협의회 회장을 맡아 대학 교육을 주도하기도 했습니다. 그는 말을 앞세우기보다 몸으로 부딪치며 변화를 이끌어 온 실천가입니다.

교육은 균형입니다. 대한민국 헌법은 "모든 국민은 능력에 따라 균등하게 교육을 받을 권리를 가진다."라고 명시하고 있습니다. 그러나 코로나19는 우리 사회의 불평등을 더욱 심화하고 있고, 특히 교육 격차 문제는 우리가 풀어야 할 핵심 과제가 되었습니다. 서거석 전 총장은 배움의 소중함을 아는 사람입니다. 중1 때부터 새벽에 일어나 신문을 돌리면서 학업을 이어갔고, 학교의 배려로 저와 함께 학교 매점에서 빵을 팔아 학교를 다닐 수 있었습니다. 50여 년 전 제가 만난 소년 서거석은 비록 가난했지만 늘 성실하고 따뜻했습니다. 그렇기에 교육의 공공성을 누구보다 깊이 이해하고 있는 인물입니다.

전북교육 대전환입니다. 지난 4년간 서거석 전 총장은 학교 현장을 찾아다니며 의견을 청취했습니다. 그러한 소통과 성찰을 바탕으로 학교의 주체인 학생 중심과 미래라는 날개로 전북교육을 바꾸려 하고 있습니다. 서 전 총장이 내건 '학생 중심 미래교육'에 담긴 교육철학은 그가 합리적인 진보주의자임을 보여줍니다. 학교의 모든 가치를 학생에 두겠다는 학생 중심은 민주적인 학교가 아니고는 어렵습니다. 아래로부터 의사결정이 진정한 학교의 변화를 이끌 수 있기 때문입니다. 혁신의 아이콘 서거석이 꿈꾸는 전북교육대전환 프로젝트의 성공을 기원하며, 우리 교육의 미래를 고민하는 분들에게 이 책을 권합니다.

차례 ● ● ●

책을 내며 • 004
추천사 • 006

I . 교육 대담

학생중심 미래교육으로 가는 길 • 014
JTV 1분 논평 <하브루타> • 032

II . 학생, 교육의 중심에 두다

서거석의 '학생중심, 미래교육'이란 • 034
학생 선택으로 편안한 교복을 • 040
학교 현장에서 꽃피울 민주시민교육 • 044
학교폭력, 회복적 정의가 필요하다 • 048
디지털 성범죄, 교육으로 극복해야 • 052
학교폭력 없는 새 학기를 꿈꾸며 • 056
JTV 1분 논평 <코로나19 극복> • 060

III. 교육, 미래의 날개를 달다

미래교육으로 전북교육 대전환을 • 062

4차산업혁명을 이끌 인문학 교육 강화 • 066

학교 공간 혁신으로 교육 혁신을 • 070

시급하다, 교실 혁명! • 074

철저한 준비로 고교학점제를 맞자 • 078

기후위기에 대응할 '생태환경교육' • 082

JTV 1분 논평 <학교폭력 문제 다시 논란> • 086

IV. 상생, 지역과 함께 가다

학교 급식실에서 쓰러지는 우리의 또 다른 엄마 • 088

지역과 함께하는 대학, 제대로 평가해야 • 092

지역아동센터 지원, 모두가 나서야 할 때 • 096

코로나19와 교육의 새로운 패러다임 • 100

작은 학교 통합으로 지역 교육에 활력을 • 104

JTV 1분 논평 <아이들 안전은 권리> • 108

V. 참여, 학교자치 꽃피우다

학교자치는 교장공모제 전면 시행으로부터 • 110

학부모회 법제화로 교육자치 실현을 • 114

교육공동체로 학교의 활력을 찾아야 • 118

코로나 위기 속 학교, 공동체 정신으로 극복해야 • 122

학부모의 학교 참여, 행복한 교육동행 • 126

전북 발전의 원동력, 그리고 대학의 길 • 130

JTV 1분 논평 <아동학대 근절되기를> • 134

VI. 교육 현장, 발로 뛰다

학생 중심 동아리 활동의 메카, 전주근영여자고등학교 • 136

인문학으로 '코로나 블루'를 극복, 전주서중학교 • 142

미래교육으로 앞서가는 희망, 전주송북초등학교 • 146

교육공동체 협력의 교육, 전주유일여자고등학교 • 150

인문학으로 빛나는 작은 학교의 기적, 지사중학교 • 156

JTV 1분 논평 <중·고교 신입생 입학준비금 활용> • 162

VII. 공직자, 사람의 길을 묻다

학교의 5월, 그 찬란한 슬픔의 추억 • 164

고난 속에 피는 아름다운 이름, 부부(夫婦) • 168

청렴의 그늘, 빛보다 더 밝은 희망 • 172

청렴, 그 이상의 청렴 • 176

국립대 총장의 허와 실 • 180

VIII. 교육, 다시 희망을 노래하다

교육으로 희망의 사다리를 만들자 • 186

사람의 품격을 높이는 독서교육을 • 190

학급당 학생 수 감축, 학교교육 정상화의 지름길 • 194

교원 감축 중심의 교원수급정책 안 된다 • 198

교육과정, 교육 주체에게 돌려줘야 • 202

에필로그

전북교육을 교육한류의 중심으로! • 206
김도종(전 원광대 총장, 전 인문학 및 인문 정신문화 진흥심의위원회 위원장)

축적된 경험과 리더십으로 위기의 전북교육을 혁신할 리더 • 208
곽병선(제8대 군산대학교 총장)

서거석, 전북대학교의 새 시대를 열다 • 210
강봉근(전 전북대 교무처장, 전북대 국어교육과 명예교수)

내가 만난 서거석 • 214
조순구(전 전북대 부총장, 전북대 정치외교학과 명예교수)

총장실 불은 늘 가장 늦게 꺼졌다 • 218
신효근(대자인 치과 병원장, 전 전북대 부총장)

교육혁신의 아이콘, 서거석 • 220
박세훈(전, 전북대 교무처장, 전북대 교육학과 교수)

I. 교육 대담

◆ 학생중심 미래교육으로 가는 길

◆ JTV 1분 논평 < 하브루타>

전북교육의 대전환을 위한 대담

학생중심 미래교육으로 가는 길

위기의 전북교육 대안은 무엇일까? 이 문제를 해결하기 위해 강일영(이하 강) 전 교장과 서거석(이하 서) 전 전북대 총장이 만나 허심탄회한 이야기를 나눴다. 이 원고는 두 교육전문가의 대담을 녹취해 재구성한 것이다.

- 편집자 주

강: 만나서 반갑습니다. 전에 전북대학교 총장으로 재직하실 때보다 부쩍 젊어지셨다는 이야기를 많이 합니다. 특별한 비결이 있으신가요? 청바지까지 입으신 걸 보니…. (웃음)

서: 보기에 괜찮은가요? 각계각층의 인사들을 만나다 보니 아무래도 기존의 관념을 바꾸어야겠다는 생각이 들었습니다. 생각은 보이지 않으니 외모부터 바꿔 접근해야겠고 마음먹고 좀

젊게 입고 다닙니다. 총장 시절보다 젊은 분들을 만날 기회가
실제로 많기도 하구요. 많은 분들이 좋아하셔서 자신 있게 다
녀요.(웃음)

강: 벌써 연말입니다. 어떻게 지내셨나요?

서: 정말 바쁘게 지냈습니다. 가장 노력을 기울인 건 교육 현장을

다니고, 또 교육 관계자들을 만난 일입니다. 모 신문사의 객원기자로 <서거석의 교육 만인보>를 연재했었는데요, 취재를 위해 여러 학교를 다니면서 학교의 상황에 대해 공부도 하고, 공감하는 기회를 가졌어요.

강: 사실 올해 어떻게 지냈냐보다 지난 선거 이후의 근황도 궁금할 것 같습니다.

서: 지난 선거 패배는 저에게 시련이자 성숙의 기회였습니다. 사실 지난 선거에서 당선됐다면 상당히 많은 시간 혼란을 겪었을 것입니다. 그 후 저는 전북교육에 대해 깊이 이해하고, 대안을 찾는 행보를 이어 왔습니다. 혼자의 행보가 아니라 강 교장선생님과 함께 했던 '더불어교육혁신포럼'을 통해서 조직적이고 체계적으로 공부했으니까요. 얼마 전 이사장에서 물러 났는데 제 후임으로 강 교장선생님께서 선임되셔서 든든했습니다. 앞으로 잘 이끌어 주시기 바랍니다.

강: 저에게 무거운 짐을 넘기고 떠나셨는데 원하시는 일이 잘 이루어지셨으면 하는 바람입니다. 이제 본격적으로 우리 교육 문제에 접근해 보겠습니다. 먼저 교육감에 도전하시는 이유가 뭔가요? 너무 단도직입적으로 물어서 죄송합니다.

서: 한마디로, 바꾸려고요. 전북 교육을 확 바꾸려고 나왔습니다.

새로운 혁신, 제대로 된 혁신,
전북교육의 대전환이 필요합니다.

"

강 교장선생님께서는 어떻게 생각하세요? 전북 교육 12년 이
대로 괜찮다고 생각하세요? 지금 전북교육 현장이 활력을 잃
고 침체되어 있다는 목소리가 많습니다. 균형 잡힌 교육, 차별
없는 교육, 다양한 학생 맞춤형 교육이 이루어지지 않고 있고,
또한 기초학력 저하도 심각합니다.

중앙정부, 지자체와 소통과 협치를 하지 않고 독선과 불통으
로 운영하다 보니 당연히 전북 교육이 침체될 수밖에 없죠. 전
북교육에 활력을 불어넣고 신바람 나는 교육, 행복한 교육으
로 확 바꿔야 합니다. 이제 새로운 혁신, 제대로 된 혁신, 전북
교육의 대전환이 필요합니다. 그래서 제대로 된 미래교육으로
전북의 미래 인재를 양성하여 전북을 굳건한 반석 위에 다시
세워야 합니다.

강: 저도 교사 출신이지만 교사만의 안목으로 교육감을 하기엔 한
계가 있다고 생각하거든요. 그럼에도 교육감은 교사 출신이 해
야 한다는 주장이 있습니다. 이에 대해 어떻게 생각하시는지요?

서: 사실 교사 출신이 가르치는 것 외에 통합적 행정력을 갖춘다면 더없이 좋겠지요. 판단은 교육가족과 도민 여러분들께서 하시겠지만 그런 능력을 가진 교사 출신을 찾기가 쉽지 않습니다.

저는 교육감이 갖추어야 할 조건을 크게 두 가지로 생각합니다. 유·초·중·고 교육을 두루 잘 알 것, 인사와 예산, 그리고 정책 입안 등 교육경영에 대한 능력을 갖출 것입니다. 저는 지난 2018년 선거에서 쓴잔을 마시고 유·초·중·고 교육 현장을 제대로 이해하는 것이 정말 중요하다고 생각했습니다. 그래서 지난 4년간 학

생, 교사, 학부모를 만나면서 현장의 목소리를 듣고 문제점과 대안을 찾는 고민을 해 왔습니다. 정말 의미 있고 소중한 시간이었습니다. 또한 전북대학교 총장을 지내면서 중·고등학교 교사 양성 기관인 전북대 사범대학과 전북사대부고를 8년간 관장을 한 경험이 많이 도움이 되었죠.

흔히 교사 출신이 유·초·중·고 교육을 두루 잘 아는가 하는 것도 의문입니다. 강 교장선생님은 주로 중학교에서만 평생 교사로 근무한 분이 유·초·중·고에 대해 다 잘 알 것 같죠? 어

> **❝**
>
> 교육감은 나무와 숲을
> 같이 볼 수 있어야 합니다.
>
> **❞**

떠세요? 아마 유치원과 초등교육에 대해서는 잘 모르실 겁니다. 유·초·중·고 모두 급이 다르면 교육목표와 교육과정이 다르기 때문에 별도로 공부해야 합니다.

두 번째 조건은 행정 능력과 경영 능력입니다. 교육가족이 교직원과 학생만 25만 명에, 연간 예산이 4조가량인 전북교육행정을 잘하려면 큰 교육기관의 최고 수장으로서 큰 그림을 그리고 실천해 본 사람이 아니면 어렵습니다. 저는 교수를 뛰어 넘어 전북대학교 총장 출신입니다. 리더가 어떤 비전과 목표로 학교를 바꿔야 하는지, 재정과 인사 문제를 어떻게 해야하는지 실천해본 사람이어야 합니다. 저는 전북대를 혁신하여 명문 국립대로 만든 경험이 있습니다. 전북대의 위상이 높아지면서 전국 204개 국립·사립 대학총장협의회 회장을 맡기도 했었지요. 교육감은 나무와 숲을 같이 볼 수 있어야 합니다.

강: 누구보다도 언론에 많이 나오셨잖아요? 기억나는 것은 대학을 변화시키고 언론에서 '혁신의 아이콘, 서거석 총장'이라는 별

명이었습니다. 어떤 의미로 그렇게 부른 것일까요?

서: 총장 시절에 전북대를 혁신하여 명문 국립대로 만들었다고 해서 중앙 매스컴에서 붙여 준 별명입니다. 저에게 합당한 별명인지는 모르겠으나 기분은 좋습니다. 당시 총체적 위기에 빠진 전북대를 확 바꿨습니다. 가장 모범적인 혁신 대학의 모델을 만들었습니다. 구성원과 원활한 소통으로 학교의 제도와 시스템을 바꿨지요.

무엇보다 교육의 중심을 학생에게 두었습니다. 그래서 교수들의 수업의 질을 높였고, 연구에 전념할 수 있도록 교수들의 연구 환경을 개선했습니다. 또 졸업생들이 원하는 직장에 취업할 수 있도록 아낌없이 지원했습니다. 그 결과 명문 국립대로 위상이 높아졌습니다. 그 후 전국 많은 대학이 전북대의 앞선 제도와 시스템을 벤치마킹하러 방문했었지요.

전북대의 혁신을 이끌어 낸 것은 전북대 구성원인 교수, 학생, 직원 전체의 노력이었지만, 저에게 영광스러운 별명이 붙여진 것입니다. 돌아보면 구성원들의 열정과 자발성을 이끌어 낸 저의 리더십에 대한 과분한 칭찬인 것도 같아서 혼자 흐뭇하게 웃고는 합니다.

강: 교육감 출마 논의가 있으면서부터 소위 민주진보단일화 논의가 있었고, 그 일이 한창 진행되다가 별다른 활동이 없는 것 같습니다. 교육을 진보와 보수로 나눠서 프레임 선거를 하겠

다는 계산이었던 것 같은데 총장님 생각은 어떠신지요? 교육에 있어 보수, 진보가 있다고 생각하십니까?

서: 교육에 보수와 진보가 있을까요? 우리 헌법 31조에는 교육의 자주성과 정치적 중립성을 보장하고 있습니다. 그래서 교육감은 정당 공천이 없고 당적이 있으면 입후보도 할 수 없습니다. 지난 12년간 일부에서 헌법 정신을 망각하고 우리 학생들과 학부모, 그리고 도민들께 보수, 진보의 낡은 이분법적 편 가르기로 교육행정을 이끌어 온 것은 큰 잘못입니다. 이 과정에 상처를 입으신 교직원들도 많습니다.

교육의 원천은 정치적 이념이 아니라 사랑입니다. 이념은 이제 과거의 유물이에요. 이 유물로 미래를 준비하기는 어렵습

> ❝
> 혁신은 곧 진보입니다. 굳이 저의 정체성을 말한다면
> 실력 있는 진보, 합리적인 진보입니다.
> ❞

니다. 저는 학생중심 미래교육을 내걸었습니다. 그러니까 과거보다는 미래로 나가겠다는 것입니다. 하루하루 정신없이 세상은 돌아가는데 아직도 80년대식으로 이념을 우선하면 교육은 망합니다.

그러면서 학교민주화를 이야기하잖아요. 학교를 들여다보면 학교장 일방 독주가 아닌 교사들이 모든 의사결정을 하는 경우가 훨씬 많습니다. 그 과정에 학생이나 학부모의 참여가 활발하지 않으면 자칫 민주적 결정이 아닌 교사 독점으로 나갈 수 있어요. 실제로 그런 우려들이 있고, 그런 분위기 때문에 학교장들이 아무 권한도 행사하지 못하는 경우도 봤습니다.

진보 보수가 아닌, 학생을 교육의 중심에 두고 가야 합니다. 교육정책을 세울 때 그것이 아이들에게 필요한가? 아이들을 행복하게 하고 성장에 도움이 되는가를 따져야 합니다. 또 학교 전반의 의사결정에 학생과 학부모들이 활발하게 참여하는 학교자치가 중요하고요.

4차산업혁명시대를 맞아 우리의 시대정신은 이제 보수 진보의

철 지난 편 가르기나 낡은 이념이 아니라, 그것을 뛰어넘어 아이들의 미래교육에 대해 걱정하고 고민할 것을 요구하고 있습니다. 저는 문재인 정부와 교육철학을 함께하고 있습니다. 국가아동정책위원과 세계잼버리 정부지원위원으로 힘을 보태고 있는 것도 같은 맥락이겠지요.

강 교장선생님! 제 별명이 뭐라고 했죠? 혁신의 아이콘이라고 하셨잖아요. 혁신은 곧 진보입니다. 굳이 저의 정체성을 말한다면 실력 있는 진보, 합리적인 진보입니다.

강: 지난 8월에 기자회견을 하셨어요. 사실 농촌 소규모 학교 문제를 지금까지 방치해서 문제가 심각합니다. 저도 교육을 담당했던 한 사람으로서 안타까운 마음입니다. 누구도 이야기하기 어려운 금기 영역이랄까요? 김승환 교육감 생각과 반하는 일을 거론하는 것이 그동안 쉽지 않았나 봅니다. 그런데 총장님께서 논의에 불을 붙이셨어요. 어떻게 나가야 할까요?

서: 우리 전북에는 전체 학생 수가 10명 이하인 작아도 너무 작은 초미니 학교가 31개교나 있습니다. 초미니 학교는 한 학년이 1~2명이어서 토론 수업이나 프로젝트 수업 등 다양한 수업은 물론, 체육대회나 축제 등 정상적인 교육과정 운영이 어렵습니다. 그리고 일부 교과는 순회교사제를 운영하기 때문에 지속적인 지도의 어려움도 있지요. 무엇보다 학교에서 길러야 할 사회성과 공동체의식 등 민주 시민교육에도 한계가 있습니다.

그렇기 때문에 학생들이 서로 소통하고 협력하며 행복한 교육을 실현하기 위해서는 적정 규모 학교가 필요한 것이죠. 현재 시행하고 있는 공동통학구나 어울림학교는 유용하기는 하지만 이 문제를 근본적으로 해결할 수 없습니다. 궁벽한 농촌학교까지 하루 두세 시간씩 통학하면서 다닐 수는 없잖아요. 그런 제도가 가능한 학교는 도시 인근에 위치한 곳이죠. 실제 그런 제도로 운영한다 해도 작은 학교 학생이 늘어나기는 어려워요.

저는 학생들의 교육을 위해 전교생 10명 이하 학교는 통합해야 한다고 생각합니다. 과거 걸어 다니던 시절에는 걸어서 통학할 수 있는 거리마다 학교가 있어야 했어요. 그러나 지금은 스쿨버스는 물론 통학택시까지 지원합니다. 학교가 있으니 무조건 두어야 한다는 논리는 이제 통하지 않습니다. 학생들의 교육 결손을 누가 책임집니까?

그러나 통합은 하향식 통합이 되어서는 안 됩니다. 지역 주민, 학생, 학부모, 교직원, 동창회 등 다양한 주체들의 의견을 모아야 합니다. 실상을 제대로 알리고 설득도 해 나가야지요. '공론화위원회'를 통해 합의가 되는 경우 최소한 전교생 10명 이하인 학교는 통합해야 합니다. 이는 농촌학교를 죽이는 정책이 아닌, 농촌교육을 살리는 길입니다.

이 과정에서 생긴 폐교는 지자체와 교육 협력 거버넌스 구축을 통해 마을통합지원센터, 지역문화체험학교, 지역커뮤니티 공간 등으로 활용함으로써 학교는 비록 사라졌지만 지역의 문화와 체육 공간의 역할을 하게 할 것입니다.

농촌 소규모 학교 못지않게 심각한 것이 대도시 아파트 밀집 지역의 학교 부족입니다. 정말 심각합니다. 완주 삼봉지구나 에코시티, 디오션시티 학교를 짓지 못합니다. 오죽하면 전라중학교와 전북사대부고를 에코시티로 옮긴다는 정책을 만들어 냈을까요? 도 교육청이 지자체와 긴밀하게 소통하여 도시의 신개발지에 대규모 아파트를 신축할 때 인허가 단계부터 새로운 교육 수요를 감안, 학교 신설 계획을 세워야 합니다.

강: 서 총장님 교육철학이 학생중심 미래교육으로 압축되는 것 같습니다. 학생중심은 지금까지 그런 행보를 보여 오셨기에 알겠는데 미래교육은 어떻게 하시겠다는 것인지요? 많은 분들이 흥미롭고, 궁금하기도 할 것 같습니다.

서: 강 교장선생님께서도 누구보다 미래 사회에 관심이 많으신 분이시니 아실 것입니다. 4차산업혁명이 눈앞으로 왔습니다. 미래를 대비하지 않으면 위험합니다. 그러나 안타깝게도 전북교육의 지난 12년에는 '미래'가 빠져 있습니다. '학생중심 미래교육'을 기치로 전북교육을 대전환해야 합니다. 우리 학생들이 사회에 나갈 2030년 이후를 내다보며 미래 사회가 필요로 하는 핵심 역량을 기르는 데 모든 역량을 집중할 것입니다.

미래교육의 핵심 방향은 크게 세가지입니다. 첫째는 교실 혁

명입니다. 디지털 교육 환경을 빠르게 구축하고, 학생 모두가
교실에서 스마트 학습기기를 활용, 에듀테크 기반의 수업이
이루어지도록 하겠습니다. 학교 공간 혁신도 추진해야 합니
다. 공간 혁신으로 학교 문화를 창출하고, 나아가 고교학점제
를 비롯한 교육과정을 도와야 합니다.

다음으로 무엇보다 중요한 것이 수업의 수준을 높이는 것입니
다. 교사들이 교수 역량을 키우고, 에듀테크에 맞는 교수법을 연
구하는 데 집중하도록 유도하고 지원하는 정책을 펼 것입니다.

셋째는 미래교육에 맞는 교육과정을 개발하고, 수업-평가의
개편이 이루어져야 합니다. 고교학점제와 자유학년제에서 진
로연계학기로 바뀌고 있는 교육과정 개편에 능동적으로 대처
하면서 이에 맞는 교육 인프라를 구축하고, 교수·학습 역량 강
화 프로그램도 확대 개설할 계획을 갖고 있습니다.

얼마 전에 저는 미래교육캠퍼스 계획을 발표한 바 있습니

> "
> 아이들이 아침에 눈을 뜨면서
> '학교에 빨리 가고 싶다'라고 생각한다면
> 그런 학교는 행복한 학교가 아닐까 생각합니다.
> "

다. 전주에코시티로 옮겨가는 전라중 부지에 AR(증강현실), VR(가상현실), 메타버스, 인공지능체험관과 고교학점제를 대학과 연계해 운영할 공유캠퍼스, 국제교류 및 다중언어, 다문화 교육을 추진할 국제교육캠퍼스 등을 포괄하는 미래교육 플랫폼을 구축하는 것이 골자입니다.

강: 미래교육에 대한 구상이 아주 멋지다는 생각이 듭니다. 화제를 바꿔보겠습니다. 저도 학교에서 근무했지만 학교에 다양한 의견들이 있어서 어떤 학교가 좋은 학교인지 혼란스러울 때가 있습니다. 아이들에게 행복한 학교란 어떤 학교일까요?

서: 저는 어려운 가정에서 자랐습니다. 초등학교를 졸업하고 중학교 진학을 못 했어요. 그래서 나뭇짐을 지고 나무를 해다가 남부시장에 팔았고, 여름에는 아이스께끼(오늘날 아이스크림) 통을 메고 팔러 다녔습니다. 그때 제 또래 학생이 교복을 입

고 학교 가는 모습을 보면서 많이 울었어요. 그러다가 그 아이들이 가까이 오면 지게를 지고 담 뒤로 숨고는 했습니다. 그러다가 남보다 1년 늦게 친척의 도움으로 교복을 입고 중학교에 가던 첫날, 학교에 다닐 수 있다는 자체만으로도 정말 행복했습니다.

아이들이 아침에 눈을 뜨면서 '학교에 빨리 가고 싶다'라고 생각한다면 그런 학교는 행복한 학교가 아닐까 생각합니다. 아이들이 함께 배우는 즐거움이 있고, 선생님들은 가르치는 보람을 가질 수 있어야 하겠지요. 미래를 살아갈 우리 아이들이 존중받으며, 가치 있는 삶을 살아갈 수 있도록 교육 주체가 함께 소통하고 협력하는 민주적인 학교, 우리가 꿈꾸는 행복한 학교라고 생각합니다.

강: 교육부는 고교학점제를 2023년 고등학교 1학년 학생부터 실시한다고 발표를 했습니다. 저도 이 제도는 생소합니다. 학교 현장을 떠나 있어서 그런 듯한데요. 고교학점제 시행에 관한 의견은 어떠신지요?

서: 고교학점제는 학생이 자신의 적성과 소질에 따라 교과목을 선택하여 학점을 취득하고 졸업하는 제도입니다. 이 제도가 제대로 정착되려면, 교원수급, 교육과정, 수업 공간 확보, 지역 간, 학교 간 격차 문제를 해결해야 합니다.

이에 교육부에서는 2018년부터 연구학교와 준비학교를 선정하여 학점제 도입에 따른 여러 가지 문제점을 사전에 파악하고 대처하고 있습니다. 이에 반해 전북도교육청에서는 연구학교도 2021년에서야 1개교를 선정했고, 준비학교도 55%인 다른 지역보다 훨씬 적게 전북 지역 일반고교의 33% 정도만 선정하여 고교학점제 도입에 소극적이지 않나 하는 지적을 받고 있습니다.

이러한 점 때문에 일부에서 고교학점제 준비가 안 되었으니 연기하자는 의견을 내고 있지만, 연기하는 것은 바람직하지 않다고 생각합니다. 어차피 예정대로 고교학점제가 시행된다면, 지금부터라도 철저하게 준비하여 제때에 맞춰 고교학점제를 시행하는 것이 옳다고 생각합니다.

강: 교육에 대한 다양한 주제들에 대해 명쾌하게 답변해 주셔서 고맙습니다. 그리고 우리 전북교육에 서광이 비추는 것 같아서 마음이 놓입니다. 초심을 유지하시면서 교육에 대한 고민과 대안으로 가셨으면 합니다. 긴 시간 함께 해 주셔서 고맙습니다. 마지막으로 도민 여러분들과 교육가족에게 하시고 싶은 말씀 있으시면 하시지요.

서: '학생중심, 미래교육'으로의 전북교육 대전환에 도민 여러분의 관심과 지원이 절실합니다. 서거석은 전북대에서 제15·16대 총장을 역임하면서 교육자이자 교육행정가로서 탁월한 실력을 인정받았습니다. 총장 재임 시절 총체적 위기 상황에 놓

여 있던 전북대를 단기간에 전국 명문대로 끌어올려 대학 혁신의 모델이 되었고, 교육계에서 '혁신의 아이콘'이라는 별칭을 얻기도 했습니다.

총장 재임 시절 내내 전북대는 '가장 잘 가르치는 대학' '재학생 만족도' 평가, 국립대 혁신평가 등에서 전국 1위를 차지했습니다. 서거석은 말로만 하지 않습니다. 이미 실적으로 입증했고, 이런 검증된 능력으로 전북교육 대전환을 추진해 나갈 것입니다. 전북교육은 이제 아집과 독선, 이념과 대립에서 벗어나야 합니다. 서거석은 소통과 통합의 리더십으로 전북교육을 이끌 것입니다.

'학생중심, 미래교육'은 서거석이 추구하는 교육 방향입니다. 낡은 이념의 시대를 끝내고, 4차산업혁명을 이끌어 갈 능력 있는 민주시민을 양성하기 위해서는 미래로의 비전이 요구됩니다. 도민 여러분과 우리 교육가족들, 저 서거석에게 뜻을 모아 준다면 교육대전환의 힘찬 물결은 도도하게 흘러갈 것입니다.

고맙습니다.

하브루타

하브루타 , 들어보셨나요?

유태인은 어린아이를 교육시킬 때
선생님이 일방적으로 가르치는 것만이 아니라
친구끼리 짝을 지어서
서로 질문하고 토의하며 진리를 찾아가게 한답니다.
하브루타는 친구를 뜻하는 하베르에서 나온 말입니다.

코로나19,
많은 사람이 모이는 건 위험하지만 서너 명이 만나는건 가능하지요.

좋은 친구들이,
그냥 만나기보다 함께 책을 읽고
생각과 감상을 나누면 만남이 한결 풍성해질 것입니다.

마침, 독서의 계절입니다.
좋은 친구, 하베르와 함께 책을 읽으며
코로나 우울을 이겨내시기 바랍니다.

덧붙이자면
우리 학교 교실에서도
학생, 친구끼리 서로 질문하고 생각을 나누는 하브루타 교육이
활성화되었으면 합니다.

더불어 교육혁신,
서거석이었습니다!

II. 학생, 교육의 중심에 두다

◆ 서거석의 '학생중심, 미래교육'이란

◆ 학생 선택으로 편안한 교복을

◆ 학교 현장에서 꽃피울 민주시민교육

◆ 학교폭력, 회복적 정의가 필요하다

◆ 디지털 성범죄, 교육으로 극복해야

◆ 학교폭력 없는 새학기를 꿈꾸며

◆ JTV 1분 논평 < 코로나19 극복>

서거석의
'학생중심, 미래교육'이란

'중용'의 첫 장은 이렇게 시작한다.

"사람의 성정은 하늘이 지어준 것이다. 하늘이 지어준 자신의 성정을 따라 행하는 게 도(道, 길)이고, 그 길을 닦는 것이 교육이다."

눈이 번쩍 뜨인다. 2500년 전에 쓰인 '중용'은 오늘날 4차산업혁명 시대에 교육이 나아갈 좌표를 정확히 제시하고 있다.

사람의 생김이 저마다 다르듯 성품과 기질 또한 각자가 다른데, 그 다름과 차이는 하늘이 지어준 것이니(天命) 어느 것이 옳다 그르다 할 수 없다. 모두 존귀한 것이다. 중용의 교육론은 이렇게 개인의 차이를 존중하는 철학의 바탕 위에 서 있다.

하나의 모범을 정해서 그 틀에 맞추는 걸 교육이라고 여긴 시절

이 있었다. '모범(模範)'이란 본디 '틀'을 뜻하는 한자어이다. 우린 그 틀에 잘 맞추는 학생을 모범생이라고 불러 왔다. 그런데 중용은 하나의 정해진 길이 아니라 저마다 자신의 성품과 기질에 따라 자신의 길을 찾아 가라고 말한다. 백 명에게 백 개의 길이 있다는 것이다.

서양의 education은 어원을 보면 'ex(out)+ducere(to lead)', '밖으로 이끌어낸다'는 의미이다. 애초에 교육의 본질과 목적이 지식을 집어넣는 데 있지 않고 학생의 잠재력을 '밖으로 이끌어 내는' 데에 있는 것이다.

2015 교육과정은 '창의융합형 인재' 양성을 목표로 하고 있다. 지식 암기형 수업이 아니라 학생이 주도적으로 참여하는 탐구형,

프로젝트 수업으로의 전환이 진행 중이다. 중학교에서 시행하는 '자유학기제'는 학생들이 스스로 선택한 예술, 동아리 활동을 통해 심미적 감성을 기르고 자신의 끼와 자질을 이끌어 내도록 설계한 교육과정이다. 내년부터 전격 시행할 '고교학점제'도 학생 개개인의 자질에 따른 진로 선택권을 확대하려는 취지이다.

학생 한 명 한 명의 잠재력과 가능성을 찾아 키우는 교육, 하나의 길이 아니라 만 명의 학생이 만 개의 길을 찾아 가도록 이끌어 주는 교육, 나는 이것을 학생 중심 교육이라고 말한다.

서거석의 '학생중심교육'에서는 어떤 학생도 소홀함이 없이 최

적의 교육을 받을 것이다. 또래 친구가 없는 산골 작은 학교의 어린이, 장애 아이, 우리말이 서툰 다문화가정의 아이, 한 명 한 명 모두가 존중받으며 동등한 교육을 받을 권리를 갖는다.

　학교는 학생을 위해 존재한다. 교원은 학생을 위해 존재한다. 모든 교육정책, 행정은 근본적으로 '그것이 학생을 위하는 일인가?'라는 질문에서 출발한다. 이것이 서거석의 '학생중심교육'이다.

　미국, 캐나다를 포함한 유럽 선진국들의 국제기구인 OECD는 '교육 2030' 프로젝트를 수행했다. 현재의 중학생이 사회에 진출

할 2030년 미래를 내다보며 교육이 어디로 가야 하는지를 탐색하는 연구 프로젝트였다. OECD의 '교육 2030' 프로젝트는 회원국들의 폭넓은 지지를 받으며 실행되고 있는데, 우리의 미래교육에도 많은 시사점을 던진다. '교육 2030'의 키워드는 <미래, 웰빙, 학생 주체, 변혁적 역량>이다. 교육의 목표를 '웰빙에 기초한 공동의 미래사회 구축'에 두고, 학생이 교육과, 학습의 '주체'로서 능동적인 주도자가 되어 '변혁적 역량'을 키워야 한다고 강조한다. 보고서에서 특별히 주목을 끈 것은 '속도'였다.

미래사회가 요구하는 변혁적 역량을 키우려면 미래 기술의 트렌드를 가르쳐야 하고 미래사회에 맞는 교육과정으로 개편해야 하는데 중요한 점은 속도라는 것이다. 변화와 실행에 시간이 지체되면 효과가 없고 다시 개혁이 필요하다.

전북은 미래교육 체제로의 전환이 늦었고 준비가 안 됐다. 전국에서 가장 뒤떨어진 게 전북이다. 미래교육 체제로의 대전환이 시급하다.

서거석의 미래교육 방향은 세 가지로 요약할 수 있다. <디지털 교실혁명, 미래형 교육과정 편성, 수준 높은 수업>이다. 교실을 바꾸고 교육과정을 개발하고 교수(수업) 수준을 높이는 것, 이것이 서거석의 미래교육이다.

디지털 스마트 교실로 바꾸고, 새로운 교육과정에 맞는 전문 교사를 양성하고, 수준 높은 수업으로 업그레이드하는 데는 무엇보다 엄청난 예산을 투입해야 한다.

　수업평가, 교원평가제도도 혁신해야 한다. 교육청만의 의지로 풀수 있는 일이 아니다. 지역, 지자체, 기업의 협력을 이끌어 내야 한다. 단위별 이해관계의 차이, 갈등을 조정해서 모든 역량을 하나로 모아야 한다. 총체적인 교육 경영 역량, 소통과 추진력을 겸비한 복합적인 리더십이 필요하다. 서거석은 그 일을 해냈다. 전북대 총장을 역임하며 침체되고 무기력한 전북대를 단기간에 전국적인 명문대로 우뚝 세웠다. 정확한 진단과 뚜렷한 비전 제시, 주의 깊은 기획과 그에 따른 일관된 실행이 만들어 낸 성과였다.

　평생을 교육자로 살아온 서거석에게는 '교육으로 나라를 세운다'는 꿈이 있다. 힘차게 일어서는 활기찬 전북을 만들자! 그것이 서거석의 교육 열정이다.

　학생중심, 미래교육!
　서거석과 함께 교육대전환에 나섭시다.

학생 선택으로
편안한 교복을

가끔 전주 한옥마을을 지날 때면 한복을 입고 사진을 찍거나, 옛날 교복을 입고 활보하는 사람들을 볼 수 있다. 그중 교복을 입은 중년의 모습은 아련한 향수를 불러일으킨다. 수십 년 전 학교를 다닌 사람들에게 교복은 절대적 의상이었다. 전국적으로 거의 비슷했기에 검정 교복만으로도 추억을 불러일으키기에 충분하다.

교복의 역사를 보면 여러 시대 상황을 반영하며 변화해 왔다. 1880년대 이화학당과 배재학당의 한복 교복을 시작으로 근대화 이후 양장 교복으로 바뀌었다. 일제강점기를 벗어나 우리 정부가 수립된 후 군부독재 정권인 제5공화국에 들어 교복과 두발 자율화가 되면서 일시적으로 교복이 사라지기도 했다. 하지만 빈부 격

차에 의한 위화감 논란과 함께 학교 안팎에서 교복 부활을 요구하는 목소리가 높아졌다. 학교도 가세했다. 학생들을 통제하고 단속하기에 쉽다는 게 이유였다. 결국 1986년 2학기부터 학교장의 재량에 따라 교복 착용 여부를 결정하면서 다시 부활했다.

교복이 부활되면서 획일화된 교복에서 벗어나 제한적이긴 하지만 모델을 선택할 수 있게 되었다. 특히 2000년대 들어서 교복에 패션 감각이 가미되면서 디자인이나 기능적 진화가 이뤄지고 있다. 그러나 하루 8시간 이상 학교생활을 하는 학생들에게 여전히 교복은 불편한 존재였다. 일반 옷의 재질에 비해 탄력성이 적은 소재임에도 꽉 끼는 바지나, 짧은 치마에 각진 정장 형식으로 제작되다 보니 활동량이 많은 학생들에게 어울리지 않게 되었다.

지난 2018년에는 문재인 대통령 역시 중·고교 학생들의 '불편한 교복' 문제를 직접 거론하면서 교복 체계 개편이 사회적 쟁점으로 떠오른 적도 있었다. 이에 2019년 서울시교육청은 공론화를 통해 교복을 편안한 옷으로 바꾸는 변화를 주도했다. 서울의 한 고등학교에서는 반바지 교복을 도입하였고, 춘추복은 후드티로 하복은 반바지와 티셔츠로 하여 계절에 맞추어 선택할 수 있게 하기도 했다.

또 작년 2월 문체부와 교육부가 업무협약을 맺고, '한복 교복 보급' 사업을 추진해 지난 7월 전국 22개교를 시범학교로 선정했다. 우리 지역에서는 남원국악예술고와 고창의 영선중이 대상이 됐다. 이들 학교 교복은 학교와 한국공예디자인문화진흥원이 손잡고 새롭게 개발할 계획이어서 자못 기대가 크다.

교복 착용의 긍정적인 효과는 많다. 자기 학교라는 소속감과 정체성을 갖게 하고, 빈부 격차를 드러나지 않게 하며, 욕망을 절제하게 한다. 기왕에 입어야 할 교복이라면 '학생다움'이라는 통제 위주의 교복이 아닌, 학생의 입장에서 더 자유롭게 창의적인 상상을 하며 간편하게 학교생활을 할 수 있도록 교복을 바꿔야 한다.

　전라북도 학교생활규정 제24조 ②항에는 "학생은 교복 착용 여부, 교복 착용 시기, 치마나 바지 착용 등을 선택할 권리가 있다."라고 명시하고 있다. 이제 학생들이 스스로 교복을 정하고, 편안하게 입도록 해야 한다. 서울시교육청처럼 편안한 교복을 위한 공론화 과정을 거쳐 학생 중심으로 바꿔 나가야 한다. 현재 교복은 하루 종일 학교에서 생활하는 학생들이 활동하기에 불편하다. 활동하기에 편한 형태로 바꿔야 한다.

　시대가 바뀐 만큼 교복도 달라져야 한다. 학생다움이라는 틀에 맞춘 통제 위주의 교복이 아니라 학생의 입장에서 더 자유롭고 간편한 교복이 되어야 한다. 이를 위해 교직원과 학부모는 물론, 졸업생들도 뜻을 함께해야 한다. 일부 학교에서 졸업생들의 반대로 수십 년 전 교복을 아직도 고수하고 있는 것은 매우 안타까운 일이다.

학교 현장에서 꽃피울
민주시민교육

테슬라의 CEO 일론 머스크는 유명 사립학교에 다니던 자녀들을 자퇴시키고 자기 집 차고를 리모델링해서 '애드 아스트라(Ad Astra: 별을 향해)'라는 학교를 세웠다. 그는 지식과 정보는 인공지능에게 맡길 수 있으나 윤리적 선택, 사회적 가치 판단은 인공지능에게 넘길 수 없으니 민주시민교육이 더 절실하다고 하였다. 그것이 그가 학교를 세운 이유였다.

민주시민은 저절로 만들어지지 않는다. 아이들이 초·중·고교를 거치면서 민주시민의 자양분을 흡수하고 근육을 길러야 한다. '민주시민교육'은 '착하게 살자'와 같은 구호로 이루어지지 않는다. 그것이야말로 체험과 실천 속에서 아이들 스스로 민주시민의 힘

과 가치를 깨치고 성장해 나가야 하는 것이다. 학교에서 '민주시민교육'을 꽃피우기 위해서는 이에 걸맞은 조건과 환경을 만들어야 한다. 그 출발점은 '참여'일 것이다.

첫째, 학교운영위원회에 학생을 참여시켜야 한다.

학교운영위원회는 교장, 교사, 학부모, 지역 주민으로 구성된다. 여기에 학생은 빠져 있다. 왜인가? 학생을 교육의 주체로 보지 않고 교육의 대상(피교육생)으로만 보기 때문이다. 이것은 비민주적이다. 비민주적인 구조를 만들어 놓고 민주시민교육이 어떻게 가능하겠는가. 학생을 교사, 학부모와 동등한 교육의 주체로 인정해야 한다. 그래서 학교의 중요한 의사결정에 학생을 참여시키고 학생이 스스로 그 주체임을 깨닫게 독려해야 한다. 그것이 바로 민주시민교육이다.

둘째, 학교가 학생 자치의 실질적인 실천의 장이 되어야 한다.

그간 학생 자치 예산은 체육대회나 축제 등 기존의 학생 관련 예산을 중심으로 학교 기본 운영비의 1%를 편성하여 담당 교사의 지도·감독하에 운영되어 왔다. 그러나 학생 자치가 실질적으로 이루어지기 위해서는 적정 수준의 예산을 배정하고, 독립적인 운용 권한을 주어 학생회 책임하에 활동이 이루어질 수 있도록 해야 할 것이다.

셋째, 수업에서 민주시민교육을 녹여 내야 한다. 민주시민의 자질은 질문과 토론, 상대에 대한 존중이다. '질문하는 능력', '사유하는 힘'을 기르려면 '질문과 토론이 있는 수업'으로 전환되어야 한다. 교실이 사회와 단절되어서는 안 된다. 교실은 우리 사회의 현안과 소통해야 한다. 사회 현안과 연계해서 그 이슈의 의미와

영향에 대해 학생들 스스로 사유할 수 있게 도와야 한다.

간혹 학문적, 정치적으로 논쟁이 되는 사안에 대해 교사가 자신의 가치 판단을 학생들에게 주입시킨다는 지적이 일곤 한다. 그러나 교사와 학생의 양식, 판단력, 자정력을 믿는 긍정적 자세가 필요하다.

논쟁적인 사안에 대해 학생들을 어떻게 교육시킬 것인가에 대해서는 1976년 독일의 이른바 '보이텔스바흐 합의(Beutelsbacher Konsens)'를 주목할 필요가 있다.

"교사는 자신의 신념을 학생들에게 강요해서는 안 된다. 현실정치에서 논쟁적인 내용을 수업에서도 논쟁적으로 드러내야 한다."

이러한 기준은 이미 우리 학교 현장에서도 충실히 지켜지고 있다고 생각한다. 자치와 연대, 소통과 협력이라는 민주적 풍토 속에서 성장한 학생들은 사회에 나가서도 민주적으로 생활하며 공공의 가치를 실현하기 위해 노력할 것이다. 새롭게 열린 2021학년도는 민주시민교육이 교육 현장에서 뿌리내리고 꽃피우는 원년이 되길 기대한다.

학교폭력,
회복적 정의가 필요하다

요즘 학교폭력에 대한 논란이 뜨겁다. 심지어 오래전에 있었던 일들까지 꼬리에 꼬리를 물고 진실 공방이 벌어지고 있다. 사실 다양한 폭력 형태는 인간의 특성이 반영된 결과물이라 할 수 있다. 특히 인간이 만물을 지배할 수 있었던 이면에는 수많은 폭력 행위로 점철된 역사가 있었다.

폴란드 출신 법학자, 라파엘 렘킨(Raphael Lemkin)은 심지어 "폭력은 비정상적인 현상이 아니라 인간 행동의 고유 특성이며, 인류의 역사는 전쟁과 대량 학살의 피로 물든 폭력의 역사다"라고 말했다. 이와 같이 끝이 보이지 않는 폭력의 현실 앞에 누가 자유로울 수 있겠는가. 우리에게 필요한 것은 폭력이라는 도전에 대한 적극적인 응전 전략이다.

학교도 각종 폭력에서 자유롭지 못하다. 학교폭력이 사회적인 문제로 비화되자, 국가는 '학교폭력 예방 및 대책에 관한 법률'을 제정했고, 지방자치단체는 학생인권 조례 등을 만들었다. 이를 근거로 교육 당국이 온갖 정책을 펼쳤지만, 그 결과는 항상 실패로 끝났다. 학교에서의 폭력 문제는 법이 아니라, 지극히 교육적인 방법으로 접근할 때 그 해결책이 나올 수 있다. 따라서 학교에서 학생 간에 발생하는 폭력 문제는 처벌이 주목적이 되어서는 안 된다. 폭력이 발생했을 때 학생들에게 법의 잣대를 들이대어 처벌하겠다는 발상은 법률만능주의에서 비롯된 것으로 결코 바람직하지 않다.

더욱이 학교폭력은 가정폭력과 연계되는 경우가 많으며, 사회폭력이 누적된 결과물이라고 할 수 있다. 이러한 현실을 무시한 채, 법만으로 학교폭력을 근절시키겠다는 것은 망상에 가깝다. 따라서 법 이외의 방법으로 학교에서 폭력을 예방하고 최소화하려는 노력이 필요하다. 최근 그러한 측면에서 한 줄기 희망의 빛이 보이는 것 같다. 그것이 바로 '회복적 정의'의 실천이다.

회복적 정의는 깨진 관계를 다시 복원하는 데 초점을 맞춘 정의를 말한다. 이를 위해서 학교는 어떻게 해야 하는가? 첫째, 교직원이 회복적 정의의 실천 모델이 되어야 한다. 특히, 교직원의 마인드가 어떠한지가 학생들을 변화시키는 데 큰 영향을 주기 때문이다. 둘째, 학교 안에 상대에 대한 배려와 존경심을 키울 수 있는 물리적·정서적 환경을 만들어야 한다. 물리적 환경은 회복적 작업이 가능한 안전한 공간을 마련하는 것이고, 정서적 환경은 회복적 정의를 실천하기 위한 다양한 교육프로그램을 만드는 것이다. 셋째, 학교공동체가 추구하는 비전, 정책, 실천 방안을 구체적으로 제시해야 한다. 이를 위해서는 교사들이 조정과 협상 훈련을 받아 이를 실천할 수 있어야 한다. 넷째, 학생도 스스로 갈등을 해결할 수 있도록 학생들에게 협상능력, 조정기술, 합의형성 과정 등을 가르쳐야 한다. 다섯째, 학교가 친절 프로그램을 마련해야 한다. 친절은 존중과 배려에 대한 감사와 지지 그리고 그것을 실천하는 데 있다. 이러한 회복적 정의에는 존경, 신뢰, 상호의지, 자기통제, 자기훈련, 수용성, 책임감 같은 다양한 가치들을 공유하고 있다. 이를 학교 현장에 활용하고 실천하기 위해서는 교육공동체 구성원들의 회복적 정의 실천에 대한 전문성을 향상시켜야 한다.

결국, 학교폭력은 학생만이 아니라 국가와 사회, 그리고 우리 모두에 의해 만들어진 그릇된 문화의 결과다. 학교폭력 예방을 위해 아무리 강력한 대책을 세운다 해도 회복적 정의 실천을 위한 새로운 학교 문화가 만들어지지 않는다면 무용지물이 될 것이다. 회복적 정의 실천을 위한 새로운 학교 문화를 만들기 위해 우리 모두가 앞장서야 한다.

디지털 성범죄,
교육으로 극복해야

일 년 전 3월, 코로나19에 더해 또 하나의 충격적인 사건이 터졌다. 이른바 '텔레그램 N번방'으로 부르는 성착취 영상 공유 사건이다. 한 대학생 탐사대의 끈질긴 추적 끝에 그 실체가 드러난 이 사건으로 우리 사회는 큰 충격에 빠졌다. 미래를 위해 꿈을 펼쳐 나가야 할 나이에 성착취로 평생 씻을 수 없는 인격 살해를 당한 아동 청소년과 여성들을 생각하면 가슴이 무너진다.

시나브로 우리 사회는 디지털 문화에 빠져들었다. 편리함과 경이로움, 그리고 재미가 있는 만큼 벗어나기 힘들다. 그러나 빛에 버금가는 그림자가 지뢰처럼 숨어 있음도 잊어서는 안 된다. 보이스피싱, 음란물의 유포, 불법영상촬영 등 위험이 도사리고 있다. 그리고

가해자나 피해자도 알고 보면 모두 평범한 우리 이웃들이다.

그 양상도 다양하다. 온라인 채팅이나 메신저 등을 통해 아동 청소년에게 접근, 친밀 관계를 형성한 뒤 성적 촬영물을 요구하고, 이를 증거로 협박하여 추가적인 범죄를 이어 가는 디지털 그루밍이 대표적이다. 또한 텔레그램 N번방처럼 영상물로 돈을 버는 동영상 공유, AI를 활용하여 동영상 속 주인공의 얼굴을 익숙한 사람으로 합성하는 딥페이크 등으로 날로 진화하고 하고 있다.

갈수록 늘어나고 있는 청소년 성범죄에 대해 강력한 처벌보다 더 중요한 것이 바로 예방 교육이다. 올해 디지털 성범죄 예방 교육이 학교마다 실시되고 있다. 텔레그램 N번방으로 인한 사회적 심각성이 높아져 선제적 대응이 필요하기 때문이다. 사건이 터지면 그때만 반짝하는 대응은 효과가 없다. 무엇보다도 왜곡된 성 인식이 문제를 만들기 때문에 근본적인 대책을 세워야 한다. 따라서 개인의 성인지 감수성을 높일 수 있도록 어릴 때부터 교육이 이뤄져야 한다.

이를 위해서는 먼저, 디지털 모럴이 정립돼야 한다. 디지털 기기는 편리함만큼이나 그 위험성이 크다. 따라서 엄격하게 지켜야 할 도덕적 기준과 다양한 상황에 맞는 촘촘한 법제 마련이 우선이다. 무엇보다 익명성이나 비대면 속의 자유가 자칫 방종으로 이어질 수 있음을 인식시키고, 신인류인 디지털 시민으로서 우리 학생들이 올바른 가치를 확립하도록 해야 한다. 이런 인식과 함께 올바른 디지털 기기 사용을 위한 미디어 리터러시 교육도 이루어져야 한다.

다음으로, 성인지 감수성을 정립시킬 수 있는 교육과정이 필요하다. 감수성은 어린 나이일수록 확실하게 스며들기 때문이다. 따라서 초등 저학년부터 시작하는 것이 중요하다. 또 성장 단계에 따른 성인지 감수성 교육이 이루어지도록 단계에 맞는 교육과정이 마련돼야 한다. 전적으로 외부 전문 강사에 의지해 이 문제를 해결하려는 지금까지의 정책으로는 안 된다. 교육과정 속에서 교사들이 교과 수업으로 구현해 내야 한다. 아울러 교사들의 성인지 감수성 연수도 필요하다.

끝으로, 더불어 살아가는 인성 교육이 필요하다. 인권을 보호하고 평등주의를 실현해 오늘날 시민사회를 발전시킨 것처럼 디지털 세상에서도 결국 서로 보살피고 배려하지 않으면 사회가 유지될 수 없다. 균형 잡힌 인성을 갖춘 아이만이 사회의 공동선을 실현할 수 있는 당당한 주체로 성장할 수 있다.

디지털 기기는 많은 것들을 바꾸어 놓았다. 비대면 수업을 가능하게 한 것도 디지털 환경이다. 이제 온라인 쇼핑이 소비 패턴의 대세가 됐다. 그런 위력만큼이나 범죄 수단으로 이용될 위험성도 커졌다. 디지털 성범죄로부터 미래 세대를 보호하고, 또 범죄의 유혹에서 벗어나게 하는 길은 결국 교육으로만 가능하다.

학교폭력 없는
새 학기를 꿈꾸며

　최근 우리 전북 출신 여자배구 국가대표인 이재영, 이다영 선수의 학교폭력 문제로 사회가 시끄럽다. 여론이 악화되자 결국 소속 구단 측은 두 선수를 무기한 출장 정지시켰고, 대한배구협회는 국가대표 자격을 박탈했다. 논란이 커지자 문재인 대통령까지 나서 체육계의 폭력을 근절하라고 지시했다.

　학교폭력을 근절하려는 당국의 노력에도 불구하고 줄어들지 않고 있다. 지난달 21일 교육부가 발표한 '2020년 학교폭력 실태조사'에 따르면 지난 한 해 코로나19로 등교 일수가 줄어든 만큼 학교폭력이 1.6%에서 0.9%로 0.7% 감소했다. 그러나 '사이버폭력'은 8.9%에서 12.3%로 3.4%, '집단따돌림'은 23.2%에서 26.0%로

2.8%가 오히려 증가했다. 비대면 폭력이 상대적으로 늘어나는 추세로 전문가들은 학교폭력의 양상이 새로운 전환기를 맞고 있다고 보았다.

이와 같이 학교폭력이 줄지 않는 이유는 무엇일까? 먼저 학교생활이 재미없기 때문이다. 공부만을 강요하고 성적만을 우선시하는 풍토에서 낙오된 학생들의 불만이 폭력으로 이어질 수 있다. 또한 흔들리는 가정에서도 그 이유를 찾을 수 있다. 부모로부터 버림받은 아이, 가난으로 인해 상대적 빈곤을 겪는 아이들의 분노가 폭력으로 분출될 소지가 크기 때문이다. 다음으로 사회·문화적 환경 때문이다. 폭력을 부추기는 컴퓨터 게임이나 영화, TV 드라마 등은 폭력에 대한 막연한 동경을 불러일으킨다. 이런 상황에서는 학교폭력이 줄어들기 어렵다.

학교폭력을 줄이려면 먼저 아이들이 학교에서 행복감을 느낄수 있어야 한다. 그러기 위해서는 교육의 다양성이 인정되고 장려되어야 한다. 아이들을 성적으로 줄 세우지 않고 각자의 자질과 잠재력에 따른 맞춤형 교육이 필요하다. 지금의 교육 방식으로는 아이들 모두를 승리자로 만들 수 없다. 획일적인 교육이 아닌, 천 개의 교육으로 나가는 대전환이 필요하다. 이는 4차산업혁명을 이끌 인재 양성과도 맞아떨어진다. 자기가 잘하는 분야에서 맘껏 능력을 발휘하게 하면 그만큼 아이들 개개인이 열패감을 느끼

지 않고 다른 친구들을 포용할 수 있다.

　둘째, 아이들에 대한 학교의 심리적 안전망이 더 촘촘해져야 한다. 무상교육만이 복지가 아니다. 부모로부터 버림받은 아이는 돈보다 사랑이 더 필요하다. 부모의 결별 등으로 부모의 따뜻한 사랑을 받지 못하는 아이들에 대한 심리적 지지와 지원이 절대적으로 필요하다. 2011년 교육부는 부모가 없는 아이들을 연결해 자기 자녀와 함께 돌보게 하는 사업인 '우리아이 함께 키우기 프로젝트'를 추진했었다. 그 사업은 참여했던 아이들이나 학부모 모두 만족도가 높았지만 아쉽게도 형평성 논란으로 중단되고 말았다.

셋째, 아이들을 폭력 문화로부터 지켜내야 한다. 이를 위해서는 사회 모두가 나서야 가능하다. IT 기술은 꿈을 현실화시켰지만 그만큼 인간의 존엄성을 가볍게 만들었다. 증강현실 게임으로 폭력을 경험한 아이는 현실에서도 폭력을 행사할 우려가 크다고 한다. 가상과 실제의 혼돈, 영화나 TV 드라마에서 폭력의 미화 등 감각적 문화산업에 노출되어 있으면 폭력에 물들기 쉽다. 이로부터 아이들을 보호하려는 사회적 합의가 있어야 한다.

폭력은 어떤 경우에도 정당화될 수 없다. 그들이 국가대표 선수라도 예외는 아니다. 특히 자라는 아이들에게 폭력은 평생 트라우마로 남는다. 다가올 새 학기에는 우리 아이들 모두 학교폭력 걱정 없이 즐거운 학교생활을 할 수 있었으면 한다.

코로나19 극복

최근 코로나19를 헤쳐 나온 학교에 관한
다큐를 봤습니다.

처음에는 힘들었지만,
선생님들이 함께 지혜를 모으니 새 길이 열렸습니다.
감동이었습니다.

어떻게 했을까요.
먼저 자신의 수업을 공개하고 다른 선생님의 수업을 보면서
함께 무엇이 문제인지를 찾고 해결합니다.

그렇게 해서 비대면 수업에 적합한 방법을 알아내고,
대면 수업과 비대면 수업을 연계한 새로운 교육 방식을
찾아냅니다.

난관을 만나니 혁신으로 헤쳐 나갑니다.
그렇게 새로운 길을 찾고 만들어 갔습니다.

그렇습니다.
자신을 먼저 열고, 서로 나누며, 함께 힘을 합치면
어떤 어려움도 헤쳐 나갈 수 있습니다.

더불어 함께,
몸은 춥지만 마음만은 따뜻한 새해를 만들어 갑시다.

III. 교육, 미래의
날개를 달다

◆ 미래교육으로 전북교육 대전환을

◆ 4차산업혁명을 이끌 인문학 교육 강화

◆ 학교 공간혁신으로 교육혁신을

◆ 시급하다, 교실혁명

◆ 철저한 준비로 고교학점제를 맞자

◆ 기후위기에 대응할 생태환경교육

◆ JTV 1분 논평 < 학교폭력, 문제 다시 논란>

미래교육으로
전북교육 대전환을

　4차산업혁명 시대, 코로나19로 급작스럽게 시작된 온라인 수업은 마침 새로운 미래를 준비하고 있던 교육 현장에 불쑥 들어와 교육 패러다임의 변화를 불러왔다. 그리고 사회 변화의 거대한 흐름은 미래교육 체제로의 대전환을 요구하고 있다. 여기에 시행을 앞둔 '고교학점제'도 교육 체제 대전환의 필요성에 힘을 보탰다.

　인공지능(AI)과 로봇, 기후변화, 탄소중립 등 시대의 변화에 맞는 미래교육이 이뤄져야 한다는 데 이견이 없다. 교육부도 이에 맞춰 교실의 디지털 대전환을 이룰 K-에듀 통합플랫폼 구축을 비롯해 고교학점제 도입, 그린스마트 미래학교 사업, 인공지능 교육 강화 지원사업 등을 통해 미래교육 체제로의 대전환을 차근차근 준비하고 있다.

그런데 안타깝게도 전북교육에는 '미래'가 빠져 있다. 미래교육으로의 전환에 대비한 조직적이고 체계적인 준비가 턱없이 부족한 상황이다. 더 늦기 전에 미래교육의 방향성을 고민하고 대안을 논의하면서 인프라를 구축해야 한다. 우리 학생들이 사회에 나갈 2030년 이후를 내다보며 미래사회가 필요로 하는 역량을 길러 줘야 한다.

우선 미래교육 체험·학습, 그리고 연구·교류의 중심이 될 '미래교육 플랫폼'이 필요하다.

인공지능·로봇의 세계는 어디까지 왔는지, 그 원리는 무엇인지, 메타버스 세상은 어떻게 만들고 그것은 사회를 어떻게 바꾸는지, 기후변화는 어떤 영향을 끼치는지 직접 체험하고 깨칠 수 있는 공간으로 (가칭)미래교육캠퍼스를 구축해 미래교육의 거점으로 삼아야 한다.

AR(증강현실)·VR(가상현실), 메타버스, 인공지능로봇체험관 등이 들어설 미래교육캠퍼스에서는 UN, OECD 등 국제기구, 해외 선진 프로그램에 우리 학생들이 참여할 수 있도록 국제 교류 프로그램을 개발하고 지원하는 시스템도 필요하다. 또 우리 사회 미래와 연관된 세계시민 교육도 미래교육캠퍼스에서 이뤄질 수 있을 것이다.

전북에서 이 같은 미래교육의 허브로 활용할 수 있는 적지가 바로 전주 에코시티로의 이전이 확정된 전라중학교 기존 부지다. 마침 전라중학교 부지가 포함된 전주 덕진권역이 국토교통부의

'도시재생 뉴딜사업'에 선정됐다. 내년부터 추진되는 이 사업은 기존 전주종합경기장 공간에 '전통문화 메타버스 사업화 실증단 지' 등을 조성해 첨단 디지털 문화콘텐츠산업의 거점으로 육성한

다는 게 골자다. 전주 덕진권역 전라중 부지에 메타버스 미래교육관이 포함된 미래교육 플랫폼을 구축한다면 때마침 추진되는 도시재생 뉴딜사업과 연계해 엄청난 시너지 효과를 거둘 수 있을 것으로 확신한다.

물론 전라중학교 이전 사업은 교육부에서 '전주교육지원청 이전과 청사 매각대금 전라중 공사비 투입'이라는 부대 의견으로 조건부 승인되었기에 부지 활용계획 변경을 위해서는 교육부를 상대로 풀어야 할 숙제가 주어질 것이다. 적지 않은 어려움과 논란이 있을 수도 있다. 하지만 전라중 부지를 행정기관이 아닌 전북교육의 미래와 학생들에게 투자한다는 점에서 분명 그 이상의 가치가 있다고 믿는다.

게다가 전라중 부지로의 전주교육지원청 이전 결정은 교육계나 지역사회의 심도 있는 논의 과정조차 없이 다급하게 이뤄졌다는 점에서 졸속 행정이라는 지적을 피하기 어렵다. 그동안 지역사회의 관심과 논의의 초점이 에코시티로의 전라중 이전에 대한 타당성 여부에만 맞춰졌고, 전주교육지원청 이전을 골자로 한 학교 부지 활용 방안은 관심의 대상에서 비켜나 있었던 것도 사실이다. 전라중학교 부지는 학생 중심, 그리고 교육의 관점에서 공간 활용 방안을 다시 찾아야 한다.

4차산업혁명을 이끌
인문학 교육 강화

시대가 급변하고 있다. 시대의 변화는 산업 체제가 주도한다. 지금 이슈가 되는 4차산업혁명 용어는 2016년 6월 스위스에서 열린 세계경제(다보스) 포럼의 의장이던 클라우스 슈밥(Klaus Schwab)에 의해 제기되었으니 불과 6년이 채 되지 않았다. 1, 2, 3차산업혁명은 기계와 전기, 컴퓨터라는 변화의 주체가 있었지만 4차산업혁명은 딱히 어떤 주체가 없다.

굳이 개념적으로 설명하자면 정보통신기술(ICT)의 융합으로 이뤄지는 초연결, 초지능, 초융합이다. 그리고 그것을 실현하는 기술들이 있다. 인공지능(AI), 사물인터넷(IoT), 로봇기술, 드론, 자율주행차, 가상현실(VR) 등이다. 이 기술들이 초연결 사회를 구현하고, 사람의 능력을 넘는 지능과 융합으로 새로운 것을 창출해 낸다.

그러면서 많은 산업들이 파괴될 것이다. 이미 그 파괴는 현실화되고 있다. 스마트폰의 출현으로 사라진 산업들이 헤아릴 수 없을 정도이다. 예를 들면 음악을 듣던 MP3가 사라지고, 카메라도 보기 어렵다. 시계를 따로 가질 필요도 없고, 어두운 밤 랜턴을 챙길 필요도 없다. 앱을 깔면 우리가 상상도 못한 기능들이 즐비하다. 편리하지만 그만큼 독자적인 기업들이 무너졌다. 기업이 무너지면 그 공장에서 일하던 직원을 비롯해 마케팅, 유통 등 많은 일자리들이 사라진다.

이 4차산업혁명 시대를 우리는 어떻게 맞아야 할까? 기성세대와 다르게 지금 우리 학생들은 규정할 수 없는 이 시대를 이겨내야 한다. 그렇지 않으면 무너진 산업에서 보듯 생존하기가 어렵다.

그래서 교육이 중요하다. 도래할 세상을 대비하는 교육, 바로 미래교육의 중요성은 다시 강조할 필요조차 없다.

학자들은 4차산업혁명으로 초인지 사회가 되더라도 결국 인간의 창의성은 따르지 못할 것이라고 한다. 새로운 것을 창안해 내는 능력이 있어야 초연결이나 초융합이 가능하니 당연한 이야기이다. 2022년 타임지가 발표한 세계 대학 순위에 특이한 점이 발견됐다고 한다. 인문학 교육에 치중한 대학들이 과학, 기술, 공학 분야에서 월등한 두각을 나타낸 것이다. 구글(Google)과 넷플릭스(Netflix) 등을 창안한 스텐포드대학과 MIT가 세계 대학 순위 1, 2위를 차지한 것이다.

이 기사가 시사하는 것은 무엇일까? 바로 인문학 교육의 중요성이다. 사실 이 분야는 과거 교육에서 소홀히 다뤘다. 입시가 중요하니 시험에 나오는 과목 중심으로만 가르친 것이다. 그런데 이제 입시 과목들은 인공지능이 대신할 수 있다. 새로운 것을 만들지 않으면 안 된다. 여기서 인문학의 중요성이 드러난다.

가장 중요한 것이 독서이다. 세계적인 대학들의 공통점이라면 인문학 필독서를 읽지 않으면 졸업할 수 없다는 것이다. 그 독서의 힘이 결국 경쟁력인 것이다. 우리의 경우는 어떤가? 독서의 중요성을 강조하고 있지만 학생들이 손에 든 것은 스마트폰이다. 주로 게임이나 유튜브에 몰입한다. 대학생들은 취업을 위해 영어와 스펙에 매달린다. 책을 읽을 시간이 없는 것이다.

독서교육을 의무화해야 한다. 학교마다 교과 교사들이 모여서 자기 과목에서 꼭 읽어야 할 필독서를 정하고, 독서의 정도에 따라 수행평가에 반영하는 것도 한 방법일 수 있다. 꼭 점수화가 아닌 생활 독서운동을 펼치는 것은 더더욱 환영할 일이다. 학교 전체가 하나의 책을 읽고 토론하는 원북(One Book)운동이나 전교생이 무조건 책을 읽을 수 있도록 독서 시간을 정해 주는 것도 좋다.

독서와 더불어 생각을 정리하는 글쓰기는 창의력을 키우는 가장 좋은 방법이다. 창의력은 그냥 길러지지 않는다. 기초 지식을 바탕으로 한 아이디어와 이를 체계화하는 논리력이 있어야 가능하다. 글쓰기 교육은 논리적 체계를 기르는 가장 확실한 길이다. 글쓰기 역시 생활 글이 좋다. 예를 들면 지인들에게 편지를 쓰는 것은 글쓰기의 부담을 줄일 수 있고, 인간관계를 돈독히 하는 길이다. 또 편지는 답장이 오고 가니 아날로그적 감성으로 이끌게 된다. 인성 교육에도 도움이 된다.

4차산업혁명을 대비한 교육을 컴퓨터로 해야 한다고 하면 그야말로 나무만 보고 숲을 보지 못한 것이다. 초연결과 초인지, 초융합을 위한 창의력이 없으면 죽은 지식이다. 죽은 지식으로는 살아남기 어렵다. 독서와 글쓰기 중심의 인문학 교육, 여기에 소홀히 하고 있는 예술 교육까지 강화된다면 우리의 미래는 그만큼 든든해질 것이다.

학교 공간 혁신으로
교육 혁신을

우리는 공간 속에 살아간다. 공간은 삶의 터전이자, 사유의 원천이다. 그런 만큼 공간은 삶과 사유에 지대한 영향을 끼친다. 화장실에 꽃과 그림을 배치하고, 감미로운 음악이 흐르게 한다면 단순 용변 기능만이 아닌, 사색과 힐링의 공간으로 다가올 것이다.

지난 수십 년간 경제성장과 시대정신에 맞춰 공간들이 변화해 왔다. 그런데 크게 달라지지 않은 곳이 있다. 바로 학교이다. 지금의 학교는 일제강점기의 형태에서 크게 변하지 않았다. 당시 학교는 군부대 형태를 따랐다. 교문을 지나면 연병장처럼 운동장이 펼쳐지고, 그 위에 막사처럼 교사를 세웠다. 학생들을 감시하고 통제하기 편리한 구조이다. 그래서 많은 건축학자들은 학교가 교도소와 유사한 구조라고 한다.

학교 중앙 현관에 들어서면 교장실과 행정실, 교무실 등 학교 권력자들의 공간이 우선 배치돼 있다. 아이들은 복도를 통해 상위층으로 올라간다. 마치 닭장에 갇힌 닭들 같다. 일자형의 복도와 유리창, 여기에 출입문에 뚫어 놓은 창호까지 감시와 통제 중심의 구조다. 교실 역시 마찬가지다. 맨 앞에 교탁이 있어 모두 선생님을 바라봐야 한다. 수시로 '주목'을 외쳤듯 주입식 교육에 아주 최적화된 구조다.

최근 이런 공간을 바꾸려는 노력, 이른바 학교 공간 혁신이 시작됐다. 서울시교육청이 추진 중인 학교 공간혁신 프로젝트 '꿈담교실'은 학생은 물론, 학부모와 교사들에게도 만족도가 높다. 그러자 교육부가 '학교시설 5개년 기본 계획'을 발표하며 호응하고 나섰다.

　사실 선진국에서는 오래전부터 학교 공간 혁신을 추진해 왔다. 아예 학교 담장을 허무는 건 기본이고, 교실 벽을 가변형으로 설치해 언제든 교실을 합치거나 분리할 수 있다. 단절에서 소통으로의 변화, 이것은 경쟁에서 협력으로 가는 통로다. 이러한 공간 구성은 자연스레 교사들의 협업으로까지 이어진다.

　소통과 협력은 공간 혁신의 키워드다. 그리고 그 중심에 학생이 있다. 그러기에 공간 혁신을 건축가에게만 맡겨서는 안 된다. 학교의 주체이자 실수요자인 교사와 학생들의 생각을 담아내야 한다. 그들이 공간 혁신의 주체가 될 수 있도록 역량을 키워 줘야 한다. 많은 돈을 들여 학교 공간을 바꾸기는 쉽지 않다. 예산이 한정돼 있기 때문이다. 구성원들과 논의를 통해 돈 안 들이고 할 수 있는 것들부터 단계적으로 추진해야 한다.

예를 들면 교장실을 누구나 드나들 수 있는 갤러리나 독서카페, 음악감상실 등으로 바꾸거나, 로비나 복도, 계단 등을 학생 친화적으로 만들어 휴식과 놀이가 가능하게 해야 한다. 또한 미세먼지 때문에 잘 사용하지 않는 학교 운동장을 공원으로 꾸미고, 옥상에 정원을 만들어 학생들이 푸른 하늘을 보며 사색할 수 있게 해야 한다. 강화유리를 두르면 안전을 확보할 수 있다.

영국의 건축·공간환경위원회가 발표한 '공간이 환경에 미치는 영향 보고서'에 따르면, 공간이 좋아지면 범죄는 67% 감소, 환자의 회복 속도는 27% 증가, 학생들의 학력은 10% 증진된다고 한다. 이렇듯 합리적이고 다양한 공간 구성은 긍정적 효과로 이어져 우리 학생들을 창의적으로 바꿀 것이다.

학교 공간이 바뀌면 교육의 질도 달라진다. 공간이 생각을 바꾸기 때문이다. 따라서 공간 혁신 없이는 결코 교육 혁신을 말할 수 없다. 공간은 놔두고 의식만 개혁하라는 태도로는 학교가 달라지지 않는다. 이제 틀에 박힌 학교, 권위적인 공간에서 벗어나야 한다. 4차산업혁명 시대에 대비한 창의적인 미래교육은 공간 혁신 없이는 불가능하다. 무엇보다 우선해야 할 과제인 것이다.

시급하다,
교실 혁명!

그동안 교육과 학교를 바꾸려는 노력이 지속돼 왔다. 혁신학교 운동이 대표적이다. 2009년 경기도에서 시작한 혁신학교가 전국적으로 확산되었고, 현장 교사들의 열정과 노고로 그 성과도 분명히 나타나고 있다. 수직적인 의사결정에서 수평적 관계로 학교 민주화가 이뤄졌고, 학교가 지역사회(마을)와 소통·협력하면서 마을교육공동체가 만들어지고 있다.

아쉬운 것은 혁신학교의 성과가 일반학교로 확산되지 못하고 있다는 점이다. 혁신학교에 대한 행·재정적 특별 지원과 방만한 예산 집행에 대한 묵인, 인사상 혜택 등으로 일반학교가 갖는 상대적 박탈감은 적지 않다. 또 무늬만 혁신학교이지 변화에 대한 동력을 잃었거나, 의욕만 앞서 내부 갈등을 빚고 있는 학교들이 있는 것도 사실이다. 이러한 문제점은 앞으로 해결해야 할 과제이다.

　이제 우리 교육과 학교를 제대로 바꾸려면 기존의 혁신학교의 성과를 토대로 교육과 학교 혁신의 요체라 할 수 있는 교실 혁명이 우선돼야 한다. 교실은 실제로 교육이 이뤄지는 곳이고, 교사들의 교육적 가치를 실현하는 곳이기 때문이다. 그러므로 가장 근본적인 교육 혁신은 곧 교실 혁명에서 비롯된다.

　교실 혁명을 이루려면 첫째, 교실 민주화가 이뤄져야 한다. 학교 자치조례에 명시한 학생회보다 더 우선시되어야 하는 것이 학급회이다. 지금까지 학급은 담임교사 주도하에 운영되었으나, 앞으

로는 교사의 지도와 더불어 학생자치가 실현되는 공간이어야 한다. 학급의 민주화 없이 학교 민주화는 어렵다. 교사와 학생 간의 문제보다 더 중요한 것이 학생 사이의 협력적인 관계이다.

둘째, 획기적인 수업 혁신을 이뤄내야 한다. 민주적 제도를 갖추고 교육자적 열정으로 헌신한다 해도 그것이 궁극적으로 수업을 개선하고 혁신해 내지 못한다면 그 혁신은 모래성과 같다. 모든 혁신은 궁극적으로 교실에서 수업을 통해 구현되어야 한다. 그간 배움 중심 수업을 비롯해, 거꾸로 수업 등 수업의 변화가 없었던 것은 아니다. 그러나 교사 간의 편차가 너무 심했고, 또 그 수업의 성과에 대한 평가도 정확히 이뤄지지 않았다. 그러므로 최근 활발하게 운영되고 있는 교사들 간의 전문 학습공동체를 적극 지원함으로써 교사들의 자발적인 수업 혁신이 완성되도록 해야 한다.

셋째, 와이파이 구축이나 테블릿 PC 지원, 디지털 콘텐츠 제공 등 스마트한 교실 환경이 구축돼야 한다. 지금 학생들은 4차산업혁명과 함께 성장하고 있고, 또 그 사회를 주도할 세대이기도 하다. 스마트 기기로 수업과 관련된 정보를 검색해서 분석하고 재해석하는 방법을 배워야 한다. 또한 교재만이 아니라 동영상 등 디지털 콘텐츠도 실시간 활용할 수 있어야 한다. 학생과 교사가 유기적으로 소통함은 물론, 시공간을 벗어나 역사적 사실이나 세계적인 흐름, 이슈 등을 파악할 수 있게 해야 한다.

넷째, 행정 업무 경감과 수업에 대한 자율성이 보장되어야 한다. 교사가 잡무에서 벗어나 가르치는 일에 전념하도록 행정업무를 줄이고, 교사와 학생 참여 교육과정으로 수업에 대한 자율성을 보장해야 한다. 학교에서 교사에게 주어진 업무 중 그 어느 것도 수업에 충실하는 것보다 더 중요한 것은 없다는 인식이 뿌리내려야 한다. 교사들이 모든 에너지를 수업에 쏟을 수 있는 환경이 만들어져야 교실 혁명이 가능하다.

교육과 학교 혁신의 근원은 교실 혁명에 있다. 4차산업혁명 시대는 학교의 변화를 강하게 요구하고 있다. 그러기 위해서는 교실 혁명이 시급하다.

철저한 준비로
고교학점제를 맞자

자유학기제에 이어 우리 교육 변화의 한 획을 그을 고교학점제 시행이 코앞에 와 있다. 지금까지는 학교 시간표대로 수업을 들었다면 고교학점제는 기초 소양과 기본 학력을 바탕으로 학생 스스로 진로와 적성에 맞는 과목을 선택해 학점을 취득하는 제도이다. 2022 개정 교육과정의 개별성과 다양성, 분권화와 자율화, 디지털 기반 교육과 부합하는 만큼 시대정신에도 부합한다.

교육부는 지난 2월 고교학점제 종합추진계획을 발표했다. 2025년 전면 시행을 앞두고 '학점' 용어 사용, 수업량 조절 등을 위해 2023년부터 일반계 고등학교에 도입하겠다는 것이다. 사실 2018년부터 고교학점제 연구학교와 준비학교를 운영하면서 학교 현장의 여건을 조성해 왔다. 2023년 일반계 고등학교 도입은 어느 정도 현장에 고교학점제 기반이 마련됐다고 판단한 것으로 보인다.

문제는 타 시·도에 비해 손을 놓고 있었던 우리 전북의 준비 상황이다. 앞서 이야기했듯 2018년부터 연구학교와 준비학교를 지속적으로 확대해 왔으나, 작년까지 전북의 연구학교 운영은 전무했다. 이는 전국 시·도교육청 중 유일하다. 겨우 올해 교육부 직속의 국립고 1개교만이 참여하고 있다. 전국 91개 연구학교에 비하면 정말 미미한 수준이다.

준비학교도 사정은 마찬가지이다. 전국 참여율 55.9%인 데 반해 전북의 준비학교 참여율은 32%에 머물고 있다. 그것도 사립학교가 대다수이고, 공립학교는 단 11개교뿐이다. 교육부가 지속적으로 고교학점제 도입 의지를 밝혔음에도 그동안 전북교육청은

무엇을 하고 있었는지 묻지 않을 수 없다.

고교학점제가 정상적으로 운영되기 위해서는 준비해야 할 게 산더미이다. 먼저 다양한 선택과목에 따른 교사 인력풀이 마련돼야 한다. 교육과정 운영에 따른 다양한 형태의 공간도 구축돼야 한다. 대학과의 협력 또한 필요하다. 학교 간 공동 교육과정도 준비해야 하고, 온라인 시스템도 구축해야 할 것이다.

특히 타 시·도에 비해 농촌 소규모 고등학교가 많은 우리 전북의 경우 더 섬세하게 준비해야 한다. 작은 학교의 경우 학생이 원하는 과목을 가르칠 교사 수급이 상대적으로 어렵다. 또 학생 수가 너무 적기에 과목 선택의 폭도 좁을 수밖에 없다. 준비가 부족하면 자칫 무늬만 고교학점제로 갈 확률이 높다. 이렇게 되면 그 피해는 고스란히 학생들에게 돌아간다.

고교학점제는 단순히 교육과정만 바뀌는 것이 아니라, 고등학교 교육 전반의 대변혁으로 이어질 것이다. 그런 만큼 관계자 모두의 인식이 바뀌어야 한다. 정권이 바뀌면 흐지부지될 거라는 막연한 인식은 위험하다. 박근혜 정부의 자유학기제가 문재인 정부에서 자유학년제로 확대 정착된 경우를 보면 백년대계의 교육정책이 그리 쉽게 바뀌지는 않을 것이다.

지금부터라도 철저하게 준비해야 한다. 먼저 학생은 물론 교원과 학부모 대상으로 설명회를 개최하여 고교학점제에 대한 이해와 인식 전환을 적극적으로 유도해야 한다. 학생들이 자기 주도적으로 교육과정을 설계할 수 있도록 역량도 길러야 한다. 또 학생 선택에 부합하는 교사 수급을 위해 촘촘한 순회교사제를 마련하고, 복수전공을 통한 다과목 자격교사 양성, 학교 밖 전문가의 시간제·기간제 교원 임용도 강구해야 할 것이다.

고교학점제는 그동안 필자가 주장해 온 학교 공간 혁신이 필수적이다. 다양한 형태의 교실 구축을 위한 공간 혁신(NEW SPACE) 사업 예산도 확보해야 한다. 공간의 진화는 학교 문화를 바꾸는 계기가 될 것이다. 고교학점제 시행이 가까워지고 있다. 이왕 실시될 거라면 취지에 부합하게 제대로 해야 한다. 그러기 위해서는 철저한 준비밖에는 방법이 없다.

기후위기에 대응할
'생태환경교육'

다큐멘터리 작가인 크리스 조던이 제작한 영화 '알바트로스' 는 충격적이었다. 비행이 가능한 조류 중에 가장 큰 알바트로스는 60년 정도 살면서 단 하나의 이성과 짝짓기를 한다. 자식 사랑 또 한 지극하다. 영화는 먹이로 알고 먹인 플라스틱이 새끼의 몸에 쌓여 고통스러운 죽음을 맞게 된다는 내용이다.

인간의 무분별한 소비가 생태계에 어떤 결과를 초래하는지 여 실히 보여주고 있다. 쓰레기도 문제지만 화석 연료의 남용으로 대 기 환경도 급격히 파괴되고 있다. 이미 대기 중 이산화탄소 농도 가 400ppm을 돌파했다고 한다. 이런 위기 속에 문재인 대통령은 지난해 12월 '2050년 탄소중립'을 선언했다. '탄소중립'이란 온실

가스 순배출량이 '0'이 되는 상태를 말한다. 이를 위해서는 일상의 실천도 중요하지만, 무엇보다 교육적으로 대비해야 한다.

하지만 생태환경교육이 갈수록 중요함에도 불구하고 현재 학교에서는 환경교육이 거의 이루어지지 않고 있다. 또한 환경교육이 독립된 교과목으로 되어 있지 않고, 대부분의 학교에 환경 교사가 없다는 점은 앞으로 해결해야 할 과제이다.

현재 시행되고 있는 환경교육은 지극히 단편적이어서 교과과정 속에 녹아들지 못하고 있다. 전문가 초청 특강이나 동영상 시청 등에 의존하는 경우가 많은데 그렇게 해서는 효율적인 생태환경교육이 이루어지기 어렵다.

생태환경교육의 목적은 생태계와 인간사회의 상호작용에 대한 지식과 체험을 토대로 환경문제를 이해하고, 환경에 대한 바람직한 가치관과 태도를 기르는 데 있다.

따라서 생태환경교육은 다음과 같은 점에 유의해야 한다.

먼저, 거시적인 생태환경에 대한 인식 개선은 물론, 기후변화에 대응할 수 있는 생태환경 감수성을 길러야 한다. 일회용품 사용 줄이기 등 당장 눈앞의 실천도 중요하지만, 더 중요한 것은 지구가 우리 세대만이 누리고 살 공간이 아님을 인식시키는 것이다.

둘째, 무작정 생산만이 아닌, 리사이클링(Recycling)이나 업사이클링(Upcycling)에 대한 필요성과 방법에 대한 교육이 이뤄져야 한다. 이를 통해 생태나 기후환경의 변화가 한 국가나 대륙을 넘어 지구라는 공간, 그리고 현재만이 아닌 미래의 시간에 영향을 미치고 있음을 알게 해야 한다.

셋째, 생태환경교육, 특히 체험 중심 생태환경교육의 계획, 실천, 평가의 전 과정에서 학교와 지역사회가 협력하여 상호보완적인 기능을 해야 한다. 생태환경교육은 대부분의 교과목과는 달리, 학교나 지역사회가 서로 협업할 때 시너지 효과가 날 수 있기 때문이다.

끝으로 학생들에게 생태 에너지에 대한 필요성을 인식시켜 그

분야를 발전시킬 인재로 길러야 한다. 탈원전과 화석 에너지를 줄이는 방법은 결국 친환경 에너지를 개발하는 것이다. 앞으로 이 분야는 엄청난 부가가치가 창출될 것이다. 위기도 극복하고 경제적 부도 누릴 수 있는 블루오션인 것이다.

최근 늦은 감은 있으나 각 시도교육청이 생태환경교육에 관심을 갖고 다양한 움직임을 보이고 있다. 이는 다가올 기후위기 문제를 교육적인 측면에서 해결하려는 시도여서 다행이라 생각한다.

울산시교육청은 내년에 '기후위기대응교육센터'를 건립하기로 했고, 광주교육청은 작년에 기후환경협력팀을 신설했다. 또한 전북도교육청도 올해 지역 및 시민사회와 함께 환경생태교육 추진위원회를 구성하기로 했다고 한다.

유발 하라리는 저서 『21세기를 위한 21가지 제언』에서 핵전쟁보다 더 위험한 것이 기후위기라고 경고하고 있다. 우리 모두가 기후위기의 심각성을 인식하고 생태환경교육에 더 많은 관심을 기울여야 할 것이다.

JTV 1분 논평

학교폭력 문제 다시 논란

학교폭력 문제가 다시 논란이 되고 있습니다.
스포츠계에서 시작된 학교폭력이 일파만파 번지고 있습니다.

학교폭력은 어떤 이유로도 정당화될 수 없습니다.
특히 자라나는 아이들에게
트라우마로 남아 평생 괴롭히는
무서운 범죄입니다.

최근 통계에 따르면,
코로나19로 대면 학교폭력은 약간 줄었으나,
사이버폭력 등 비대면 폭력은 오히려
늘어나는 추세라고 합니다.

학교폭력의 1차적 책임은 가해 학생에게 있지만,
더 중요한 책임은 가정과 교육 당국,
그리고 우리 사회에 있습니다.

학교폭력을 근본적으로 해결하기 위해
우리 모두 함께 체계적인 대책을 세우고
실천해야 할 때입니다.

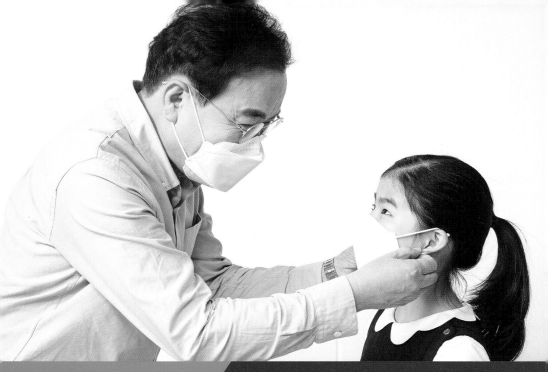

IV. 상생,
지역과 함께 가다

◆ 학교 급식실에서 쓰러지는 우리의 또 다른 엄마

◆ 지역과 함께하는 대학, 제대로 평가해야

◆ 지역아동센터 지원, 모두가 나서야 할 때

◆ 코로나19와 교육의 새로운 패러다임

◆ 작은 학교 통합으로 지역교육에 활력을

◆ JTV 1분 논평 <아이들 안전은 권리>

학교 급식실에서 쓰러지는
우리의 또 다른 엄마

    학교 급식실에서 우리의 또 다른 엄마들이 쓰러지고 있다. 지난 2018년 경기도 한 학교의 조리실무사가 폐암으로 사망하였는데, 2021년 4월에서야 근로복지공단에서 업무상 재해 판정을 받았다. 2021년 6월에는 경기도 화성에 있는 고등학교 조리종사자 휴게실 벽에 붙어 있던 옷장이 떨어져 조리종사자의 하반신이 마비되는 사고가 발생했다.

    최근 몇 년 사이에 새로운 교육 수요가 증가함에 따라 학교의 교육공무직종이 확대되고 인원도 늘어나고 있다. 도내 교육공무직종 가운데 급식지원직종이 전체의 35%를 차지하고 있다. 교육부 자료에 의하면 2020년 2월 기준 도내 775개 학교에서 2,200여 명

의 급식 인력이 1일 평균 21만 명 학생의 급식을 담당하고 있다.

그동안 학교급식제도는 2003년 초·중·고교 전면 급식을 시작으로 2006년 학교급식법 개정 등 여러 차례 바뀌었다. 하지만 학교급식 종사자들의 근무 여건은 크게 달라지지 않은 반면, 노동강도는 더 높아졌다.

학교마다 차이는 있지만 그들의 열악한 근무 환경이 문제다. 학교급식 노동자들은 조리 과정에서 유해물질에 그대로 노출되어 있지만, 조리중 발생한 연기가 얼마나 위험한지, 인체에 어떤 영향을 미치는지조차 알지 못하고 있다. 그런데도 조리 중 발생하는 유해물질을 예방하기 위한 교육부의 '학교급식 위생관리지침'을 보면 환기시설에 대한 언급만 있을 뿐, 급기·배기장치에 대한 구체적인 기준은 마련돼 있지 않다.

많은 학교급식 노동자들은 어떤 직종보다 근골격계 질환에 시달리고 있다. 민주노총 서비스연맹 학교비정규직노동조합이 2019년 실시한 설문에 따르면 1주일 이상 근골격계 통증이 지속된 경험이 있느냐는 질문에 응답자의 94%가 '그렇다'고 답했다. 이는 노동 강도가 높은 것으로 알려진 선박 제조업종 노동자보다도 높은 수치였다. 학생기숙사를 운영하고 있는 학교와 같이 원래 식수인원 자체가 많은 곳은 그 고충이 더 심각하다. 학교급식 노동자 대부분이 40~50대 중년 여성임을 감안할 때, 아무리 생업이라고 하더라도 개인의 건강권마저 보장받지 못하고 있는 현실이 너무 안타깝다.

학교급식 노동자의 근무환경과 여건을 개선하기 위해서는 다음과 같은 점에 유의해야 할 것이다.

무엇보다 학교 급식실의 안전관리 책임을 노동자들에게 떠넘기지 말고 교육감이 책임져야 한다는 노동자들의 지속적인 요구를 경청해야 한다. 도교육청 관련 부서 역시 형식적인 행정에 그치지 말고 학교급식 노동자 안전관리에 책임을 다해야 한다.

또한 학교 급식실의 조리 환경 및 공기 질에 대한 평가와 명확한 관리 기준을 　마련해야 한다. 동시에 급식실 노동자를 대상으로 특수 건강진단 등의 대책도 세워야 할 것이다.

　다음으로 학교급식 노동자 대부분이 근골격계 질환에 노출되어 있는 만큼 근골격계 질환 대상자를 중심으로 지속적인 관리와 지원 방안이 마련되어야 할 것이다. 학교급식 노동자 1인당 급식 인원수가 많은 학교나 1일 3식 급식이 이루어지고 있는 학교에 대한 인력 충원도 뒤따라야 한다. 특히 그동안 소홀히 해 왔던 급식노동자의 휴식권 보장을 위하여 휴게 공간 면적과 휴게실 설치 기준을 마련하고, 비좁거나 노후화된 휴게실을 현대화해야 한다.

　아이들을 포함한 학교 구성원들이 점심식사를 맛있게 먹을 수 있는 이면에는 학교급식 노동자들의 땀과 수고로움, 그리고 그들의 헌신이 있음을 잊지 말아야 할 것이다. 그들은 우리 아이들의 또 다른 엄마이기 때문이다.

지역과 함께하는 대학,
제대로 평가해야

코로나 비상시국에 '고용재난지역'인 군산시가 군산대학교 문제로 비상이다. 교육부의 '2021년 대학 기본역량 진단' 가결과 발표에서 일반재정지원 대학에 선정되지 않았기 때문이다. 가결과대로 확정되면 군산대는 앞으로 3년 동안 국가의 일반재정지원 대상에서 배제되고 해마다 40억 원에 이르는 재정 지원을 받을 수 없게 된다.

사실 여기에는 정량평가에서 거의 만점을 받았음에도 평가위원의 주관이 개입되는 정성평가에서 평균 이하의 점수를 받았다는 데 문제가 있다. 이는 군산대가 대학과 지역, 국가 발전을 위해 기여한 그간의 노력과 성과에 대해 제대로 평가받지 못한 것으로밖에 볼 수 없다. 또한 지역과 지역 대학을 살려야 한다는 전체적인 정부의 기조와도 배치된다.

군산은 2017년 7월 현대중공업 군산조선소, 2018년 5월 한국 GM 군산공장이 잇따라 폐쇄되는 등 지역경제가 아주 어렵게 됐다. 정부는 이 같은 사정을 반영해 군산을 '고용재난지역'으로 지정하고 군산 지역경제를 살리려고 백방으로 노력하고 있다. 하지만 교육부의 진단 가결과대로 확정될 경우, 범정부적인 군산 살리기가 어렵게 되는 것 아니냐는 우려의 목소리가 크다.

이번 대학기본역량진단평가에서 문제가 된 정성평가 항목을 살펴보면 납득하기 어려운 부분이 많다. 교과과정 운영 및 개선, 학생학습역량 지원, 진로·심리상담 지원, 취·창업 지원 부문에서 군산대가 너무 터무니없는 점수를 받았기 때문이다. 우선 군산대는

'교육과정 운영 및 개선' 영역과 관련해 많은 노력을 기울여 왔다. 새로운 사회 수요에 대응하기 위해 기초교양학부와 유망 분야 공유·융합 전공, 그리고 이를 관장하는 미래창의학부를 신설했다. 또한 우수 고등인력을 선발해 지원하는 BK21사업(두뇌한국21)과 교육부의 이공 분야 대학중점연구소 지원사업, 기초연구실 지원사업, 대학혁신 지원사업, LINC+사업 등 국가사업을 통해서도 학생들의 학습역량 강화를 지원하고 있다.

군산대는 진로·취업·창업 부문 등의 지원교육에 전국 어느 대학보다 많은 성과를 내고 있다. 2019년 중소벤처기업부의 초기 창업 패키지 주관기관으로 선정돼 '창업지역 거점대학'으로서 역할을 유감없이 발휘하고 있다. 또한 '군산강소연구개발특구 기술핵심

대학'으로서 친환경 전기차 분야와 대형 풍력터빈 해상 실증센터 조성사업에서도 핵심적인 역할을 하고 있다.

군산대의 이 같은 노력에 힘입어 대학가에 흔하게 발생하는 각종 비리로 사회에 물의를 일으킨 적이 아직까지 단 한 번도 없었다. 3년간 졸업생 취업률은 62.6%로 호남제주권 지역 국립대 중에 2위이다. 정원 내 신입생 충원율은 95.4%, 재학생 충원율 96%, 전임교원 확보율 98.3%, 1인당 교육비 1,649만 원으로 거점 국립대학 수준에 이른다. 교육비 환원율도 485%로 호남제주권 전체 대학 평균 2배에 이른다. 한마디로 군산대는 타 대학의 모범이 되는 대학으로서 특별히 칭찬받아 마땅하다고 생각한다.

필자는 교육을 통해 전라북도를 다시 일으켜 세워야 한다는 교육입도론(敎育立道論), 더 나아가 대한민국을 바로 세우자는 교육입국론(敎育立國論)을 주장한 바 있다. 군산대의 그간의 노력들은 필자의 생각과 그 궤를 같이하고 있다. 교육부는 공정한 재평가를 통해 군산대가 새만금시대, 서해안시대의 중추적 고등교육 연구기관으로 크게 도약할 수 있도록 토대를 마련해 주어야 한다. 고용재난지역으로 지정된 군산 경제를 활성화하기 위해서도 전북도민과 정치권의 많은 관심과 분발을 촉구한다.

지역아동센터 지원,
모두가 나서야 할 때

    일 년 전 3월, 코로나로 인해 개학이 처음 연기되었을 때의 일이다. 익산의 모 중학교에 입학 예정이었던 한 학생이 집에서 극단적 선택을 한 참으로 가슴 아픈 일이 일어났다. 숨진 학생을 발견한 사람은 다름 아닌 지역아동센터에서 돌아온 두 동생들이었다. 슬픔도 잠시, 남겨진 동생들은 일 나가는 조부모 손에 이끌려 또다시 지역아동센터에 맡겨졌다. 코로나로 인해 학교 기능이 일시 마비되고, 지역아동센터만이 오롯이 남매의 끼니와 돌봄을 책임지고 있었던 것이다.

    코로나19는 올해도 계속되고 있고, 학생들은 여전히 등교수업과 원격수업을 반복하고 있다. 학교는 원격수업의 질을 높여 학생들의 학습 공백과 학력 격차를 줄이기 위해 더욱 노력하고 있고 이를 위한 지원도 지속적으로 이루어지고 있다. 그러나 낮 동안 보호자 없이 남겨진 어려운 아이들의 돌봄 공백을 책임지고 있는 지역아동센터에 대해서는 어느 누구도 관심을 기울이지 않고 있어 매우 안타깝다.

코로나19로 인해 개학이 네 번이나 미루어지는 동안 지역아동센터는 지역 아이들의 학습터 기능을 충실히 수행해 왔다. 또한 친구들을 만나고 놀이도 함께 할 수 있는 만남과 소통의 장이 되기도 하였다. 그 외에도 학생들의 학교생활 부적응 해소, 심리·정서적인 안정 지원, 문화 체험 등 학교의 손길이 미치지 못하는 영역까지 세심하게 역할을 다하고 있다. 전북 지역에는 285개에 이르는 지역아동센터에 무려 7,500여 명에 달하는 학생들이 등록되어 돌봄을 받고 있다.

그러나 지역아동센터 운영에는 많은 어려움이 따르고 있다. 먼저, 아이들을 위한 양질의 프로그램을 제공하기에는 턱없이 예산이 부족하다. 정부 지원을 기본으로, 지자체마다 다른 지원금으로 운영 예산을 충당하고 있어, 인건비 등의 재정상 어려움을 겪을 수밖에 없다. 또한 교육청과 학교와의 협력이 미흡하다는 점을 들 수 있다. 지역아동센터를 이용하는 대상이 모두 도민들의 아이임에도 교육청과 학교 등의 적극적 지원이나 관심을 통한 협력 돌봄은 거의 이루어지지 않고 있다.

한 아이를 키우기 위해 온 마을이 나서야 한다는 말은 이제 진부할 정도다. 무엇보다도 사회적 돌봄은 미래 사회의 불평등을 최소화하는 디딤돌이 되어야 한다. 그렇다면 이러한 사회적 돌봄을 실천하고 있는 지역아동센터에 대한 지원은 어떻게 해야 할까.

먼저, 지역교육청, 지자체, 지역아동센터가 협약을 맺고 운영비와 방과 후 프로그램 강사 등을 지원해야 한다. 교육청의 다양한 네트워크를 지역아동센터와 공유하고 교육 격차 해소에 함께 노력해 나가야 한다.

다음으로, 교육청, 학교, 지역아동센터가 하나의 협의체를 구축해야 한다. 이 협의체를 중심으로 아이들에게 마을 교육 프로그램, 체험 활동, 마을 축제 참여 등의 기회를 제공하여 마을에 대한 믿음과 신뢰 속에서 성장할 수 있도록 해야 한다.

끝으로, 지역아동센터에 관한 사회적 관심을 높여야 한다. 사회의 다양한 주체들이 봉사와 기부 등의 형태로 참여하여 취약계층 학생 돌봄 책임을 함께 나누어야 할 것이다.

"약한 사람 볼 때는 지나치지 않아요.
먼저 손을 내밀면 모두 행복해져요.
아픔도 외로움도 고통도 슬픔도 모두 사라지기를…
내가 바라는 세상 네가 꿈꾸던 세상"

봄이 오는 길목에서 방문했던 전주 모 지역아동센터의 아이들이 소리 높여 부르던 '내가 바라는 세상'이라는 동요가 아직도 귓가에 쟁쟁하다.
우리 모두 이 아이들에게 먼저 따뜻한 손을 내밀어야 할 때다.

코로나19와 교육의
새로운 패러다임

　코로나19는 우리 사회 전체를 뿌리부터 뒤흔든 기폭제가 되었다. 학교는 뜻하지 않게 그 변화의 중심에 놓였다. 개학을 늦추고 비대면 수업이 시작되면서 학교 문화도 많이 달라졌다.

　다양한 플랫폼을 활용한 비대면 수업이 계속되면서 이 방법이 훨씬 효과적일 것이라는 기대감이 커졌고, 그러다 보니 학교와 교사의 무용론이 제기되기도 하였다. 그러나 학교가 사라지고, 교사의 역할이 축소될 거라는 우려는 기우에 지나지 않았다. 비대면 수업이 교사와 학생 간의 소통과 교감을 불가능하게 하면서 학교와 교사의 필요성이 오히려 전보다 더 커졌기 때문이다. 그럼에도 비대면 수업의 장기화로 인해 갈수록 학력 격차와 학습 공백은 피할 수 없는 현실이 되었다.

　　교육시민단체 '사교육걱정없는세상'이 실시한 설문조사에 따르면 '비대면 수업으로 부모의 학력·경제력이 학생 교육 격차에 더 큰 영향을 미치게 됐다'는 주장에 62.0%가 동의했다고 한다. 또 지난 7월에 전국에 있는 교사들을 대상으로 한국교육학술정보원이 실시한 설문에서도 교사의 77%가 비대면 교육으로 학생 간 학습 격차가 커진 것으로 보았다.

이러한 결과가 전적으로 비대면 수업의 영향이라고 단정하기는 어렵다. 하지만 비대면 수업 장기화로 사교육의 영향력이 더 커지고, 학부모의 경제력에 따른 학력 격차가 심화되고 있다는 데에는 이견이 없을 것이다. 또한 학생에게 자기주도 학습능력이 충분한지의 여부에 따라 학력 격차가 나타나고 있는 것도 사실이다.

특히 일선 교사의 말에 의하면 초등학교 저학년 학생의 경우, 비대면 수업을 곁에서 지켜보며 지도해 줄 보호자의 존재 여부에 따라 학습 격차가 심하게 나타난다고 한다.

하지만 현재 도내 초등학교의 경우, 비대면 수업 상황에서 학습 격차가 얼마나 큰지 그 현황조차 파악하지 못하고 있는 실정이다.

이번 코로나19 대응과 관련하여 인근 광주의 경우에는 교육청에서 종합적인 매뉴얼을 만들어 배포함으로써 일선 학교에서 효과적으로 활용했다고 한다. 이와는 달리 우리 지역의 경우, 코로나19 관련해 도교육청 차원의 대응 매뉴얼이 없어 일선 학교의 어려움이 많았던 것이 사실이다. 교육 당국을 비롯한 관계자들은 어려울 때일수록 자신들이 어린이의 미래를 책임지고 있다는 사명감을 갖고 코로나19 대처에 한 치의 소홀함도 없어야 할 것이다.

이제 근본적으로 비대면 교육 전반에 대한 종합적인 분석과 대책을 마련해야 한다. 코로나19가 종식되더라도 또 다른 형태의 팬데믹은 언제든지 다시 찾아올 수 있기 때문이다. 국가 수준의 디지털 교육 플랫폼과 콘텐츠를 새롭게 구축하고, 비대면 교육에 적합한 교육 여건 정비도 서둘러야 한다. 비대면 수업에는 수업 콘텐츠 개발이 중요하므로 이를 위한 밀도있는 교사 역량 강화가 필수적이다. 여기에 비대면 교육에 맞는 교육과정의 정비도 필요하다. 교과 단원 설정 시 대면과 비대면의 적합성을 고려하여 투 트랙으로 한다면 효율적일 수 있을 것이다. 또 실시간 비대면 수업이 가능하도록 학급당 학생 수 감축을 서둘러야 한다.

그간의 교육이 학교라는 공간에서만 이루어졌다면, 앞으로의 교육은 학생이 있는 곳이 바로 학교가 되고 교실이 될 수 있다. 이번에 겪은 다양한 시행착오와 경험을 바탕으로 미래교육의 큰 틀을 만드는 계기로 삼아야 한다.

작은 학교 통합으로
지역 교육에 활력을

한동안 우리 전북에는 250만 인구가 살고 있었다. 그래서 무슨 구호처럼 '250만 도민'이라는 말을 입에 달고 살다시피 했는데, 이농현상과 출생률 감소로 현재 180만을 간신히 넘긴 상황이다. 그렇게 익숙했던 250만에 비하면 약 30% 가까이 줄어든 것이다. 학생 수도 한때 30만 명을 웃돌았으나 현재는 유치원 포함해 22만 명 수준이다. 비슷한 비율로 감소했음을 알 수 있다.

이러한 상황은 농촌일수록 더 심하다. 보통 농촌 군지역의 경우 60년대 중반 인구가 많았을 당시에 비해 1/3 정도로 감소했다. 한 예로 도내 A군의 경우 1966년 19만 6천 명이 넘던 인구가 현재 5만 6천여 명 정도로 줄어들었다. 이는 다른 지역도 크게 다르지 않다. 더구나 학령인구는 젊은 층의 도시집중과 출산율 저하로 더 큰 비율로 감소하고 있다.

입학생이 해마다 줄어들면서 2020년 10월 1일 기준으로 전라북도 전체 769개 학교 중 학생 수 60명 이하 학교가 296개교나 된다. 더 심각한 것은 이 가운데 전교생 10명 이하 학교가 31개교나 있다는 것이다. 이런 상황임에도 전북도교육청은 작은 학교를 살리겠다며 특별한 대책을 내놓지 못하고 있다. 큰 학교 주변에 있는 작은 학교와의 '어울림학교'를 운영해 살려 보겠다는 정도의 정책은 그야말로 언 발에 오줌 누기 격이다.

뛰어놀 학생이 없어서 여름이면 운동장이 풀밭이 되고, 아예 체육대회 같은 단체 활동을 할 수 없는 학교들도 많다. 인근 학교와 교육과정을 공동 운영한다고 하지만 이 또한 학교마다 사정이 달라서 쉽지 않은 상황이다. 친구들이 너무 적어 다양한 인간관계를 경험해 볼 수 없는 것도 사회성 함양 측면에서 작은 학교가 풀어야 할 과제이다.

이 문제가 단순히 농촌의 작은 학교에만 해당되는 것 같지만 사실 도시 학교와도 연결돼 있다. 교육부는 학교 총량제를 실시하지 않는다고 하면서도 실제 중앙투자심사를 통해 학교 신설을 통제하고 있다. 학생 수가 적은 지역의 학교 수를 줄이지 않으면 도심

의 학교 신설을 허가하지 않는 것이다. 최근 내놓은 전라중학교의 혁신도시 이전은 그야말로 고육지책의 하나이다.

경제적 격차나 학교 수에서도 도농 간 격차가 심하다. 인구 4,544명의 도내 농촌 지역 B면의 경우 초등학교가 4개 교나 된다. 반면 32,903명인 전주 에코시티의 경우는 단 2개 교뿐이다. 학생 수 대비로 보면 B면에는 전체 초등학교가 117명, 혁신도시는

2,947명이다. 또한 학생 1인당 연 교육비를 비교했을 때 도내 농촌 지역의 C중학교는 1억 7천 1백만 원이 넘는다. 이에 비해 전주 에코시티의 D중학교는 540만 원 정도로 32배 차이가 난다.

정말 전북도교육청은 이 사실을 모르고 있을까? 아니면 알면서도 방치하고 있는 것일까? 그냥 작은 학교가 자연적으로 소멸할 때까지 아무 대책없이 기다리는 것은 학생과 지역에 큰 피해를 준다. 합리적으로 대처해야 한다. 학부모와 지역 주민 등 공론화를 거쳐 통합하는 방향으로 나가야 한다.

교통편이 없던 시절에는 걸어서 학교를 다녀야 하니 적당한 거리에 학교가 있어야 했다. 또 학생도 많아서 유지가 가능했다. 지금은 스쿨버스와 통학택시로 등하교를 하고 있어 거리에 구애받지 않는다. 더 살아날 가능성이 없는 작은 학교, 더구나 학생에게 도움이 안 되는 학교를 두고 작은 학교가 아름답다고만 하는 것은 어불성설이다. 지금이라도 작은 학교에 대한 대책을 강구함으로써 농촌과 도시 학교 모두를 살려야 한다.

아이들 안전은 권리

최근 자전거를 타고 학교를 가던 초등학생이
레미콘 차량에 치여 숨졌습니다.
참으로 슬픈 일입니다.

이 눈부신 봄날,
마냥 행복해야 할 어린아이가
교통사고로 생을 마감하니
어른의 한 사람으로서 너무 미안합니다.

최근 통계에 의하면,
어린이 교통사고 사망 원인의 약 70%가
운전자의 안전의무 불이행과
보행자 보호의무 위반이라고 합니다.

'민식이법'이 시행된 지 일 년,
어린이 보호구역에 각종 교통안전 시설물이 설치되고,
30km 제한속도도 잘 지켜지고 있습니다.

하지만 어린이 안전은 어린이 보호구역만이 아니라,
모든 도로에서도 지켜져야 합니다.

아이들의 안전이 우리 모두의 안전이기 때문입니다.

V. 참여,
학교자치 꽃피우다

◆ 학교자치는 교장공모제 전면 시행으로부터

◆ 학부모회 법제화로 교육자치 실현을

◆ 교육공동체로 학교의 활력을 찾아야

◆ 코로나 위기 속 학교, 공동체 정신으로 극복해야

◆ 학부모의 학교 참여 행복한 교육 동행

◆ 전북발전의 원동력, 그리고 대학의 길

◆ JTV 1분 논평 <아동학대 근절되기를>

학교자치는
교장공모제 전면 시행으로부터

어느 조직이나 발전의 에너지는 자발성에서 나온다. 스스로 알아서 하는 힘은 당면한 과제뿐만 아니라 창의적인 발상과 실현으로까지 이어진다. 최근 우리 교육계의 이슈는 학교자치일 것이다. 경기도에서 비롯된 학교자치조례가 시·도교육청마다 제정이 되면서 학교 민주화를 넘어 학교 혁신에 대한 기대를 높이고 있다. 또 교육부도 '학교를 민주적으로 운영하기 위해서 학교자치를 실현해야 한다'고 밝힌 상황이다.

그러나 정작 학교 현장에서는 달라진 것이 별로 없다는 반응이다. 조례를 제정하고 실행하려고 하는데 왜 학교는 변하지 않을까? 전라북도학교자치조례를 보면 '학교교육의 주체들에게 학교 운영에 참여할 수 있는 권리와 권한을 보장함으로써 민주적인 학

교공동체 실현과 건강한 배움과 성장의 학교문화를 조성하는 것'
을 목적으로 하고 있다. 그리고 학생회, 학부모회, 교사회, 직원회
등 네 개의 자치기구를 구성하도록 한 것이 주요 골자이다. 그럴
듯해 보이는데 정작 핵심은 빠졌다.

　어떤 조직이든 자치는 구성원 스스로 수장을 선출하는 것으로
시작한다. 지방자치의 핵심이 시·도지사나 시장·군수를 주민들이
직접 선출하는 것이듯 학교자치도 학교장을 구성원이 직접 뽑지
않으면 실현될 수 없다. 지금의 학교자치는 학교장의 인사권을 교
육부나 교육감이 쥐고 있는 한 공염불에 불과하다. 인공지능과 증

강현실, 빅데이터 활용 등으로 대표되는 4차산업혁명 시대에 제대로 대응하기 위해서는 근본적인 교육 혁신과 변화가 필요하다. 학교자치는 바람직한 교육생태계의 유지, 발전을 위해서도 절실한 과제이다.

학교자치가 정상적으로 궤도에 오르려면 먼저 교장공모제를 전면 시행해야 한다. 그리고 궁극적으로는 학교장선출보직제로 나가야 한다. 자기 학교 교장을 스스로 선출한 구성원이 적극적으로 참여하지 않을 리가 없고, 해당 학교에 대한 포부를 갖고 응모한 교장이 구성원들의 의견을 경청하지 않을 리가 없다. 당연히 민주적이면서 역동적으로 학교가 움직이고, 구성원들의 만족도도 높아질 것이다.

교장공모제는 2007년 노무현 정부에 의해 법제화됐다. 학교 혁신의 동력을 마련하려는 취지로 교장자격증을 가진 교원만이 아닌, 개방형을 통해 평교사도 능력을 갖추면 교장이 될 수 있도록 길을 열어 놨다. 그때 개방형 학교장들이 이끈 학교들은 오늘날 혁신학교보다 더 좋은 성과들을 냈다. 그러나 이후 등장한 이명박 정부는 자율학교의 15%만 개방형으로 갈 수 있도록 막아 놨고, 박근혜 정부를 거치는 동안 퇴보했다.

촛불 민심으로 탄생한 문재인 정권에서는 교장공모제의 취지를 더 발전시켜 나아가야 한다. 국회 다수인 민주당이 나서서 학교자치가 이뤄지도록 교장공모제 전면 시행은 물론, 학교장선출보직제가 가능하도록 입법화해 나가야 한다. 학교자치도 그렇지만 교장을 선출하는 문제는 학교의 패러다임을 바꾸는 일이니만큼 혼란도 많을 것이다. 또 기존의 승진 체제에서 점수를 쌓아 가고 있는 분이나, 이미 학교를 경영하고 계신 교장선생님들의 입장에서는 용납하기 어려울지도 모른다.

그러나 계절이 봄으로 바뀌고 있는데 언제까지 외투를 고집할 수는 없다. 기존의 것들을 계속 지키기만 한다면 학교는 전혀 바뀌지 않을 것이다. 앞서 그분들이 이미 쌓아 놓은 승진 점수나 학교 경영의 경험이 교장으로서 반드시 갖춰야 할 능력일 것이다. 그러면 교장 공모 과정에서 그 점은 높게 평가될 것이고, 또 당연히 그래야 한다. 구태여 인사권자의 힘을 빌리지 않고도 원하는 학교를 선택해 구성원들과 함께 자신의 교육적 포부를 펼칠 수 있으니 오히려 바람직한 일이 아닐까 싶다.

학부모회 법제화로
교육자치 실현을

학교 민주화의 요구는 어제 오늘의 이야기가 아니다. 점차 사회가 민주화되자 제왕적 교장의 독선적인 학교문화도 바뀌기 시작했다. 그중 역사적인 계기는 노동조합의 결성일 것이다. 전교조에 대한 탄압과 대량 해직으로 엄청난 고통과 사회적 파장을 겪었지만 그로 인해 학교의 문화가 달라지기 시작했다.

이런 노력은 제도의 변화와 성과로 이어졌다. 단위 학교 차원의 교육자치를 위한 제도가 마련된 것이다. 이것이 김영삼 정부 말기 1996년부터 실시한 학교운영위원회 제도이다. 교원은 물론, 학부모, 지역 주민들까지 학교 운영에 참여할 수 있도록 보장함으로써 교육 민주화에 큰 획을 그었다.

이런 성과에도 불구하고 학교 민주화가 미흡하다는 평가는 여전했다. 그러다가 진정한 학교 민주화를 위한 조례가 제정되기에 이른다. 우리 전북의 경우 '전라북도학교자치조례(전라북도조례 제4614호, 2019. 2. 1. 제정)'가 제정됐다. 학교자치조례의 핵심은 제4조에 명시된 '자치조직'이다. 여기에는 '학생회, 학부모회, 교사회, 직원회'를 둔다고 명시돼 있다.

학생회의 자치권은 법으로 보장돼 있다. 교원 역시 단결권이 있다. 문제가 되는 것은 학부모회이다. <교육기본법> 제13조는 보호자로서의 권리와 의무만 명시돼 있다. 2항에 "자녀 또는 아동의 교육에 관하여 학교에 의견을 제시할 수 있으며, 학교는 그 의견

을 존중하여야 한다"며 학부모의 학교 참여를 극히 제한적으로 명시하고 있다. 또 초중등교육법 제31조 1항에 학교운영위원회에 학부모 위원을 두도록 하고는 있지만, 학부모회와 같은 자치 조직에 대한 언급은 없다.

교사회나 직원회의 의견은 수시로 학교 운영에 반영되지만 학부모의 의견은 체계적으로 전달되지 못한다.

학부모회에 대해서는 부정적인 인식이 있을 수 있다. 이른바 '치맛바람'이라는 과거의 아픈 기억이 있기 때문이다. 그러나 음지에서 피어난 치맛바람과 공식적으로 투명하게 활동하는 '학부모회'는 근본적으로 차원이 다르다.

학교가 학부모회를 귀찮은 존재나 유명무실한 존재로 여기지 않고 진정한 교육의 동반자, 협력자로 여기는 게 중요하다. 학부모는 교사와 함께 교육을 담당하는 중요한 두 축을 이룬다. 학교가 지향하는 교육의 목표, 방향은 학부모의 동의 없이 성과를 거둘 수 없다.

학부모들이 적극적으로 참여하면 처음에는 학부모와 교사 간에 긴장 관계가 형성될 수 있다. 그러나 '학생을 위한다'는 공동의 목표가 있기 때문에 초기의 긴장 관계는 머잖아 협력적인 관계로 발전해 나가게 된다. 실제로 학부모 독서모임이나 합창단, 각종 스포츠모임 등을 통한 학부모의 참여가 활발한 학교일수록 학교 문화가 민주적이고 교사들도 역동적이다. 이런 학교들은 당연히 민원도 적다. 민원은 불신과 오해에서 비롯되는 경우가 많은데 학교와의 일상적인 소통을 통해 학부모들이 주체적으로 문제를 해결하기 때문이다.

　학부모의 학교 참여는 이제 시대적 대세이다. 그럼에도 불구하고 법제화가 안 돼 있다. 조례에 의한다고는 하지만 아직은 임의 기구일 뿐이다. 그러한 이유로 교육기본법을 시급히 개정해 학부모의 학교 참여를 제도화해야 한다. 이를 위해 정치권이 나서 줄 것을 요구한다.

　교육청과 학교도 학부모회가 활성화되도록 적극 협조해야 한다. 학부모회의 구성을 정치적 선언이나 진보적 구호 정도로 인식해 제정만 하고 실제로는 무관심해서도 안 될 일이다. 그렇지만 무엇보다 중요한 것은 역시 법의 보호를 받는 것이다. 학부모회의 법제화만이 학교자치 실현과 교육 민주화를 앞당길 수 있을 것이다.

교육공동체로
학교의 활력을 찾아야

20세기 레오나르도 다빈치라는 칭송을 받았던 스티브 잡스는 항상 최고를 지향했다. 그만큼 남을 인정하지 않았던 것으로도 유명하다. 그는 매킨토시 컴퓨터 등 혁신적인 기술과 디자인을 갖춘 개인용 컴퓨터를 개발해 보급하는 데 그치지 않고, 아이폰과 아이패드를 통해 스마트폰 시대를 열어 '포노사피엔스'라는 신인류를 낳은 천재였다. 그의 생애 마지막 작품은 '애플' 사옥으로, 유작이 된 '애플파크'를 설계하면서 그가 가장 강조한 것은 협업(collaboration)이었다.

　천재성으로 글로벌 초일류 기업을 이룬 그가 강조했던 것은 결국 집단 지성이었다. 이제 한 사람의 능력만으로 세계적인 경쟁력을 갖기란 어렵다.

　지금은 융합의 시대이다. 한 분야가 아니라 여러 분야의 기술이 만나고, 그 기술에 디자인, 감성이 들어갈 때 새로운 혁신이 일어난다. 협업은 덧셈이 아니라 곱셈인 것이다. 협업을 잘하기 위해서는 서로 소통하고 나누는 공동체 문화가 형성되어야 한다.

　협업의 가치는 교육 현장에서도 빛을 발한다. 교사들끼리 자신의 수업을 공개하며 경험과 노하우를 나눌 때 수업의 질은 높아지고 학생들의 만족도도 높다. 교사들의 소통과 협업이 활발한 학교는 코로나 19의 어려운 상황도 적극적으로 잘 대처해 왔다는 평가다. 최근 일부 학교에서는 과목 간 벽을 허물고 국어와 사회, 역사, 미술이 만나는 융합 프로젝트 수업이 이루어지고 있다고 한다.

　학교 밖에서도 지역사회와 학교가 소통과 협업을 하기 위해서는 학교가 먼저 담을 허물고 지역사회에 손을 내밀어야 한다. 사실 학교 울타리 밖의 기관이나 지역민이 선뜻 학교와 함께 무엇을 하겠다고 나서기는 어렵다.

그러므로 지역민이 체육대회나 축제 등 학교 행사에 함께 참여하도록 하는 것도 좋은 방법이다. 문화·체육시설이 없는 지역에서는 학교 운동장, 도서관이나 체육관을 개방해 주민들이 이용하도록 하는 등의 선제적 노력도 필요하다. 만약 지역민들이 야간에도 활용할 수 있게 해 달라고 하면 지자체와 협의해 인력을 배치할 수도 있을 것이다.

지역사회와 학교가 함께 교육공동체를 이뤄 나가려면 무엇보다 신뢰 구축이 우선이다. 교육공동체로서 힘을 모아야 학교도 살고 지역도 산다. 그러기 위해서는 소통해야 한다. 만나서 대화하면 서로를 이해하게 되고, 그 이해의 바탕 위에 신뢰가 쌓인다.

학교가 지역을 위해 시설을 개방하고 주민들의 문화 복지에 기여한다면, 지역사회에서도 학교에 대해 관심과 신뢰를 보낼 것이다. 지역사회에는 인적, 물적 인프라가 풍부하다. 삶과 연계되는 교육, 앎이 곧 삶이 되는 교육이 되려면 학교와 마을 그리고 지역이 함께 손을 잡아야 한다. 서로 협력하고 소통하며 아이들을 위한 교육공동체가 되어야 한다.

아이들의 경험과 체험의 장을 마을과 지역으로 넓힐 수 있도록 하고, 마을에 살고 있는 각 분야의 전문가, 지역 예술인 등이 아이들의 삶을 위한 수업에 참여하여 함께 아이들을 키워야 한다. 교

육공동체 구성원들이 함께 힘을 합쳐 활기 있는 학교를 만들고 미
래 역량을 갖춘 아이들을 길러 내야 한다.

교육은 학교에서만 이루어지지 않는다. 한 아이를 키우려면 온
마을이 필요하다.

코로나 위기 속 학교,
공동체 정신으로 극복해야

    지난해 타계한 삼성 이건희 회장은 한때 천재 한 명이 10만 명을 먹여 살린다며 인물론을 강조했다. 좋은 인재를 영입하기 위해 전 세기를 띄울 정도로 공도 들였다고 한다. 그러나 오늘의 삼성을 만든 것은 한 사람의 천재성이 아니라 구성원들의 집단 지성이었다. 아무리 역량이 뛰어난 사람도 집단의 능력을 따르지는 못한다.

    천재성을 가진 이들, 그리고 그 천재성으로 초일류 기업을 이룬 이들이 결국 강조했던 것은 집단의 힘이었다. 이제 한 사람의 능력으로 경쟁력을 갖기는 어렵다.

    교육 현장에서도 협업은 진가를 발휘한다. 최근 일부 학교에서는 이번 코로나19 사태 속에서도 학교 혁신의 핵심인 수업을 혁신하기 위해 협업에 나섰다. 교사들이 공개수업을 통해 서로의 경험과 수업 방법론을 공유하였다. 소통하면서 단점은 보완하고 장점은 더욱 키워 간 것이다. 또한 교사들이 과목 간 벽을 허물고 역사와 국어, 수학, 사회, 미술, 음악 등 몇 개 과목을 연계하여 융합 수업을 하니 수업의 내용이 풍부해지고 종합적이어서 수업시간에 잠자는 아이들이 적어졌다고 한다.

학교 구성원 간의 협업과 더불어 끊임없이 외부와도 소통하고 힘을 모아야 한다. 기업이 소비자의 의견을 반영해 제품을 혁신하는 경우는 많다. 학교 역시 독자적으로 존재하기란 어렵다. 학교 구성원만이 아닌 지역사회 공동체와 함께할 때 더 큰 시너지 효과가 나타난다.

그러기 위해서는 학교의 담을 먼저 허물어야 한다. 사실 학교 밖에서 선뜻 학교와 함께 무엇을 하겠다고 나서기는 어렵다. 학교가 먼저 지역에 문을 열고, 공동체적 문화를 만들기 위해 나서야 한다. 문화 시설이 없는 지역에서는 학교 도서관이나 체육관, 공연장을 개방해 주민들이 이용하도록 하는 등의 선제적 노력이 필요하다. 만약 지역민들이 야간에도 활용할 수 있게 해 달라고 요구한다면 지자체와 협의해 인력을 배치하는 것도 하나의 방법일 것이다.

공동체를 이뤄 나가려면 무엇보다 신뢰 구축이 우선이다. 학교가 지역을 위해 시설을 개방하고 주민들의 문화 복지에 기여한다면, 지역에서도 학교를 신뢰하게 될 것이다. 지역에는 인적, 물적 자원이 풍부하다. 삶과 연계되는, 그래서 '앎이 곧 삶이 되는 교육'으로 나가려면 학교만의 역량으로는 부족하다.

우리 지역 어느 교육지원청의 일이다. 마침 유치원 놀이 한마당을 준비하고 있을 때여서 기관장들에게 행사를 소개했다고 한다. 그러자 다음 날 몇몇 단체장들이 찾아와 동참하자고 제안했다. 한정된 예산과 인력 때문에 조촐하게 연례행사로 치르려던 계획이 청년회의소, 소방서, 경찰서 등의 참여로 바뀌었다. 신기한 동물 체험은 물론, 어린이 소방관들이 모의 화재 진압 훈련도 하고, 꼬마경찰이 경찰차를 타고 순찰도 돌았다.

　이와 같이 함께함으로써 모두를 만족시킨 사례에서 보듯 학교와 지역사회가 하나가 되는 교육공동체로 나가야 학교도 살고 지역도 산다. 그러기 위해서는 소통해야 한다. 만나다 보면 이해하게 되고, 그 이해의 바탕에서 신뢰가 쌓인다. 교육공동체의 힘만이 위기에 빠진 학교를 구할 수 있을 것이다.

학부모의 학교 참여,
행복한 교육 동행

　　학부모는 교사, 학생과 함께 교육 3주체 중 하나이다. 아이들 생애의 운명적 동반자이자, 처음 접하는 스승이기도 하다. 대부분 아이들은 부모의 생활 습관이나 사고방식으로부터 영향을 받는다. 그만큼 학부모는 교육에서 교사 못지않게 중요한 역할을 한다. 따라서 학부모의 역량 강화와 학교교육 참여 확대는 교육력을 극대화시킬 수 있는 필수 요소이다.

　　과거에 학부모들은 내 아이만 잘되면 그만이라는 인식이 강했다. 이런 인식은 한때 치맛바람을 불러 일으켜 부정적 이미지만을 남겼다. 결과적으로 지나친 경쟁에 매몰되어 교육의 질을 떨어뜨리고, 학교에 대한 불신을 키웠다. 이제 공정한 학교 참여를 통해 교육의 주체로서 책임감을 인식하고 참여의 문화를 만들어야 한다.

우리나라 헌법 제31조 2항과 교육기본법 제13조 1항은 "부모 등 보호자는 자녀교육 의무와 함께 건강하게 성장하도록 교육할 권리와 책임을 가진다"고 명시하고 있다. 또 전북교육청 조례 제3974호 전라북도교육청 학부모회 설치·운영에 관한 조례 제1조(목적)는 "학부모들이 교육공동체의 일원으로 교육 활동에 참여하여, 학교 교육 발전에 이바지함을 목적으로 한다"고 규정하고 있다.

이렇게 제도적으로 보장돼 있는 것만큼 학부모는 단순 보조자나 조력자가 아닌, 당당하고 적극적인 교육 주체로 나서야 한다. 학부모가 학교 현장의 문제에 대해 함께 고민하고 참여하면 학교

도 달라진다. 학부모와 교사가 동시에 나서면 교육은 그만큼 성공 확률이 높다.

요즘 우리 주변에는 한 아이만 낳아 기르는 가정이 많다. 그 아이들에게 친구는 형제자매나 다름없다. 결국 크게 보면 다른 아이도 모두 우리 아이이므로 함께 키워야 한다는 사회적 부모로서의 인식을 갖는 게 필요하다.

학부모가 교육 동반자 역할을 하기 위해서는 학교와 교육청의 조력이 있어야 한다. 첫째, 학부모의 역할과 학교 참여 방법에 대한 이해를 높이고 필요한 역량을 기를 수 있도록 도와야 한다. 이를 위해 학부모 학교 참여 매뉴얼을 만들어 체계적인 오리엔테이션을 해야 한다.

둘째, 학부모회의 활성화를 위한 제도적 지원이 필요하다. 현재 학부모회는 조례로 규정하고 있지만, 궁극적으로는 교육기본법에 명시해야 한다. 국회 입법을 통해 실질적 참여가 이뤄지도록 해야 한다. 또 학교 안에 학부모실을 두고, 중요한 의사결정에 학부모 대표가 참여할 수 있도록 해야 한다.

셋째, 학교와 학부모 간에 신뢰를 구축해야 한다. 학부모가 내 아이만 바라보면 학교에 대한 객관성을 잃어버린다. 그러다 보면 학교를 불신하게 된다. 학교 역시 그런 학부모들을 접해 왔기에 학교 참여에 대해 달갑지 않게 생각할 수 있다. 자칫 학부모회와 교사회가 대립하게 되면 그 피해는 고스란히 학생들에게 돌아간다는 사실도 명심해야 할 것이다.

끝으로 독서회나 합창단, 스포츠 동아리 등 학부모 동아리 활동을 적극 장려해야 한다. 학부모도 무언가 성취감을 가질 수 있어야 학교 참여가 더 활발해지기 때문이다. 이때 학교 선생님들 중 전문성을 가진 분이 학부모 동아리를 지도한다면 신뢰도 깊어지고 능률도 오를 것이다.

이제 학부모의 학교 참여는 시대적 요구이다. 학교가 학부모와 함께하려면 소통과 협력이 필요하다. 학부모와의 행복한 교육 동행은 단순히 꿈만이 아니다. 학생들을 위해 마음을 열고 지혜를 모아 나간다면 얼마든지 현실로 만들 수 있다. 그런 학교들이 우리 전북에 많아야 한다. 그것이야말로 필자가 주장해 온 교육을 통해 전북을 다시 일으켜 세워야 한다는 '교육입도론(教育立道論)'을 실현하는 길이다.

전북 발전의 원동력,
그리고 **대학의 길**

　'지역이 살아야 국가가 산다'는 지역균형발전론은 백 번 강조해도 맞는 말이다. 모든 것이 수도권으로만 집중되면 지역은 살아남을 수 없다. 지역 발전의 가장 큰 원동력은 지역 대학이다.

　대학이 지역을 살리고 이끌어 가는 예는 너무 많다. 대학을 중심으로 수많은 대학 도시가 발전해 온 유럽의 앞서가는 나라들과 미국이 좋은 예이다.

군산대는 서해안시대의 중추적인 인재 양성 기관이다. 전북 발전의 중요한 축을 담당하면서 특히 군산 발전의 핵심적인 역할을 했다. 우수한 군산대 교수진은 지역의 미래를 위한 아젠다를 지속적으로 제공해 왔으며, 군산 경제와 산업을 떠받치고 있는 우수한 인재를 양성해 왔다. 그간 군산대는 역대 총장들과 구성원들이 합심하여 대학 발전에 많은 성과를 거두었다. 특히 곽병선 총장취임 이후, 눈부신 발전을 거듭하여 빛나는 업적을 쌓았다.

그런 군산대에 도저히 납득할 수 없는 일이 벌어졌다. 군산대가 교육부의 '2021 대학 기본역량진단' 가결과 발표에서 일반재정지

*사진 출처: 군산대학교(www.kunsan.ac.kr)

원대학에 선정되지 않은 것이다. 정량평가는 거의 만점을 맞을 정도로 우수했는데 평가자의 주관이 개입할 수 있는 정성평가에서 매우 낮은 점수를 받았기 때문이라고 한다. 청천벽력이 따로 없다. 아무리 정성평가라고 해도 도저히 이해할 수 없는 결과가 나온 것이다. 가결과대로 확정되면 군산대는 3년 동안 국가의 일반재정지원 대상에서 배제되고 해마다 40억 원에 이르는 재정지원을 받을 수 없게 된다.

군산시는 2017년 7월 현대중공업 군산조선소, 2018년 5월 한국지엠 군산공장이 잇따라 문을 닫는 등 지역 경제가 매우 어려운 처지에 있다. 이에 정부는 군산 지역 경제를 살리기 위해 백방으로 노력하고 있다. 이와 같은 상황 속에서 코로나까지 겹쳐 어려움이 가중되고 있다.

이러한 사태를 접하고 군산국가산단경영자협의회와 군산시상인연합회, 군산대총동문회, 교수평의회 등 군산대를 사랑하는 모임 등은 성명서를 내고 "교육부는 군산대를 흔들지 말라"고 경고했다. 이들은 성명서에서 "군산대가 정량평가에서는 만점에 가까운 득점을 하고도 주관성이 개입되는 정성평가에서 평균 이하의 점수를 받은 상황은 어떠한 경우에도 공정한 평가라고 할 수 없다"고 비판했다. 더 나아가 군산대는 그동안 경쟁력을 강화했다며 교육부가 재평가를 통해 납득할 수 있는 결과를 내놓아야 한다고 주장했다.

이번 대학기본역량역량진단평가에서 문제가 된 정성평가 항목을 살펴본 결과 군산대의 주장대로 납득하기 어려운 부문이 많다. 교과과정 운영 및 개선, 학생학습역량 지원, 진로·심리상담지원, 취·창업 지원 부문에서 생각지도 못한 점수를 받았기 때문이다.

　교육부는 군산대에 대해 기본 역량을 제대로 평가하여 일반재정지원대학에 선정하는 것이 마땅하다.

　끝으로 어려움에 처해 있는 군산대를 이제 군산 지역은 물론 전북도민들이 껴안아 주어야 한다. 군산대가 항상 우리 곁에 있다고 해서 그 소중함을 잊어서는 안 될 것이다. 군산대가 이 어려움을 슬기롭게 이겨내고 순풍에 돛 단 듯이 순항할 수 있도록 용기와 힘을 불어넣어 주어야 한다.

아동학대 근절되기를

새해 들어, 많은 분들이
정인이 사건으로 분노하셨습니다.

정인이의 상태를 일찍 알아차린 어린이집 교사와
의사가 신고했지만, 아무 소용이 없었습니다.

입양 부모를 검증하지 않고 입양시킨 입양기관,
양부모 말만 믿은 아동보호기관과 수사관에 대해
비난이 쏟아지고 있습니다.

그러면 우린 왜 정인이에게 미안한 걸까요?
무엇을 잘못한 걸까요? 그것은 무관심 때문이 아닐까요?

우리 이웃에 제2의 정인이가 있을지 모릅니다.
방치된 할머니, 할아버지가 신음하고 계시는지도 모릅니다.
오갈 데 없는 밤거리의 청소년이 있을지도 모릅니다.

사회적 거리두기로 단절감이 큰 요즘,
몸은 떨어져 있어도 마음의 눈은 더 세심하게,
이웃과 주변을 살펴야겠습니다.

VI. 교육 현장, 발로 뛰다

◆ 학생 중심 동아리 활동의 메카, 전주근영여자고등학교

◆ 인문학으로 '코로나 블루'를 극복, 전주서중학교

◆ 미래교육으로 앞서가는 희망, 전주송북초등학교

◆ 교육공동체 협력의 교육, 전주유일여자고등학교

◆ 인문학으로 빛나는 작은 학교의 기적, 지사중학교

◆ JTV 1분 논평 <중·고교 신입생 입학준비금 활용>

학생 중심 동아리 활동의 메카,
전주근영여자고등학교

다양한 동아리 활동과 특색 있는 사업 추진

장관상 받은 '작은텃밭 작물나눔' 학교의 자랑

조소연 교장 "구성원과 협력하면 코로나도 이겨낼 것"

올해 코로나19로 학교는 비대면 수업과 늦은 개학, 교실 안 거리두기 등으로 이전과는 사뭇 다른 날들을 보내고 있다. 개교 50주년을 맞은 전주근영여고(교장 조소연)도 그렇다. 이 학교는 코로나19로 등교 및 원격수업이 병행되는 상황 속에서 다른 학교와 차별화된 50여 개의 다양한 동아리 활동으로 이 위기 상황을 극복하고 있다.

학부모 홍성완 씨는 "원격수업이 진행되면서 공동체 생활을 익힐 통로가 약해졌고, 친구를 사귀어야 할 아이들에게도 악영향을 미치지 않을까 우려된다"면서 "창의적 사고와 협업을 통한 동아리 활동은 교과 수업의 중요성만큼이나 크다"고 말했다.

교육 현장에서 빚어지는 경쟁과 주입식 교육의 한계를 극복하는 여러 활동 중에 동아리 활동은 매우 중요한 역할을 한다. 특히 비대면 원격수업에서는 기대하기 힘든 공동체 활동을 통한 사회성 함양을 기대해 볼 수 있다.

근영여고는 다양한 동아리 활동과 더불어 특색 있는 사업으로 '자기 성장과 계발을 위한 근영인 독서 프로젝트, 책(冊) 속의 지혜를 내 꿈에 듬뿍(book)'과 '15분! 시사(時事)를 읽다. 신문 속 세상 읽기'를 진행하고 있다.

2학년에 재학 중인 한나연 학생은 "점심시간 80분 중 20분은 학급에서 신청한 책을 모둠 구성원들이 돌려가며 읽고 독서 성장 발표를 한다"며 "다양한 분야의 자발적인 독서 프로젝트를 통해 건강한 독서 습관 만들기는 물론 진로 선택에도 큰 도움이 되는 것 같다"고 말했다.

독서 활동과 더불어 시사 읽기는 사회적 안목을 키우고 지적 사고를 할 수 있는 방법기도 하다. 이에 지난 8월 14일 학교 자체적

으로 실시한 '위안부 기림의 날' 행사는 세월호 추념의 날과 결을 같이하고 있어 학생들 스스로 사회 구성원으로 성장할 수 있었던 좋은 기회였다.

이 밖에도 5년 전부터 시작된 '작은텃밭 작물나눔'은 사회봉사 부문 여성가족부 장관상을 받았을 뿐 아니라 언론에 여러 차례 소개될 만큼 근영여고만의 자랑이다.

'근영나래'와 '과학탐구동아리' 활동을 지도하고 있는 임진모 교사는 "텃밭 작물 나눔은 학생 동아리 구성원이 직접 자갈밭을 일구어 채소를 키우면서 시작됐다"며 "코로나로 인해 비대면 수업의 중요성이 강조되고 있는 게 사실이지만, 동아리를 통한 다양한 활동 경험을 제공하는 것도 학교의 큰 역할"이라고 강조했다.

또한 학생들이 직접 재배한 오이, 고추, 상추, 가지 등은 직접 판매해 그 수익금을 인근 장애인 단체에 기부하기도 했다.

조소연 교장은 "코로나19가 장기화되면서 이로 인해 학사 일정에 차질이 있기는 했지만, 지금은 원활하게 잘 진행하고 있다"며 "학교 구성원 모두 지혜를 모으고 서로 유기적으로 협력해 나간다면 끝이 보이지 않던 코로나 터널도 그 끝이 보이지 않을까 싶다"고 희망을 전했다.

인문학으로 '코로나 블루'를 극복,
전주서중학교

코로나19 사태가 장기화되면서 사람들의 심리적 우울감이 날로 심화되고 있다. 특히 비대면 수업 등으로 불규칙한 등교가 이뤄지고 있는 학교 현장 역시 예외는 아니다. 하지만 힘든 상황 속에서도 이를 이겨내려는 움직임이 여기저기서 드러나고 있다.

기자가 찾은 전주서중학교(교장 노상근) 역시 그런 학교였다. 이 학교는 코로나로 지친 학생들을 위로하고, 인문학적 감수성을 키우기 위해 유튜브나 온라인 방송을 이용하여 비대면 인문학 특강을 진행하고 있었다. 힐링과 사고력 향상이라는 두 마리 토끼를 잡는 교육프로그램인 것이다.

예년 같으면 크리스마스 캐럴이 울려 퍼졌을 지난 12월 24일, 이 학교 국어 담당이자 독서 전문가인 양경희 교사의 기획으로 마련된 '시(詩)로 마음을 열다'라는 주제의 인문학 특강이 있었다. 가라앉은 사회 분위기와 다르게 비록 비대면이었지만 시에 대한 '서중인'들의 뜨거운 열정을 느낄 수 있었다.

이날 강사는 '가슴으로 만난 사람은 꽃이다'라는 시로 유명한 이삭빛 시인이었다. 이 시인은 먼저 '얼굴 없는 천사'라는 자작시를 통해 전주 노송동의 얼굴 없는 천사에 대한 일화를 스토리텔링으로 풀어 가면서, 본인의 대표 시를 직접 낭송하는 등 학생들의 공감을 이끌어냈다.

　또 단순히 시 감상만이 아니라 학생들에게 시 쓰는 법을 강의하고, 직접 써 보게 한 후, 그 시들을 첨삭까지 해 주는 등 실제적인 지도로까지 이어졌다.

　학생들을 만난 이 시인은 "코로나 시대에 시를 통해 서로에게 위로의 메시지를 전하려는 학생들의 마음을 읽을 수 있었다"며 "몸과 마음이 지친 학생들에게 시가 극복의 에너지가 되었으면 좋겠다"고 말했다.

또한 이날 특강에 참가한 2학년 박헌호 학생은 "코로나 때문에 가끔 무기력에 빠지기도 했는데 시를 써 보니 답답함이 조금은 풀린 것 같다"며 "몸으로 부딪히며 나누던 대화는 아니지만, 가슴을 울리는 시를 통해 조금은 속이 후련해졌다"고 말했다.

이런 인문학적 이벤트 외에도 이 학교에서는 '코로나 극복 자신감 쑥쑥 프로그램' 등 다채로운 프로그램을 운영하고 있다고 한다. 지난가을에 가졌던 '시인 및 문화해설사와 함께 강천산 걸으며 나 돌아보기'라는 행사도 그중 하나다.

평소에도 학생들의 인성교육을 강조하고 있는 노상근 교장은 "4차산업혁명 시대에 필요한 창의성을 기르기 위해서도 인문학 교육은 필요하다"며 "코로나19 장기화로 몸과 마음이 지친 학생들이 한 편의 시를 통해 따뜻한 희망의 메시지를 받을 수 있기를 바란다"고 전했다.

코로나로 인해 모두가 힘든 날을 보내고 있다. 그러나 혹한의 광야에서 타오르는 모닥불처럼 어디선가는 이를 극복하기 위한 몸짓들이 뜨겁다. 사상 초유의 사태인 코로나19. 그러나 전주서중처럼 시로 느껴지는 사람의 온기는 백신보다 더 큰 방역처럼 느껴졌다.

미래교육으로 앞서가는 희망,
전주송북초등학교

세대 격차가 빨라지는 요즘, 청소년, 청년, 노인이 서로에게 다른 인류라는 표현을 쓴다. 그만큼 세상의 시계는 가속 페달을 밟고 미래 세대로 달려가고 있다. 그 속도를 따라잡지 못하는 세대는 디지털 문명에서 소외되고 있다. 하지만 2020년 불어닥친 코로나19는 어쩌면 멈춤이 없는 문명사회에서 잠시 쉬어가라는 경고인지도 모른다.

학교도 예외는 아니었다. 한 번도 경험하지 못한 비대면 수업은 교사와 학생들에게 낯선 풍경이었다. 코로나19로 학생들의 다양한 활동이 제약받고 있으나, 그 속에서도 다양하고 특색 있는 교육활동을 통해 포스트코로나와 4차산업혁명 시대를 동시에 대비

하고 있는 송북초등학교(교장 이기종)를 찾았다.

송북초는 교육공동체 구성원 모두가 따뜻하고 행복한 학교를 만들고자 다른 학교에서 볼 수 없는 다양하고 특색 있는 교육과정을 통해 미래 세대의 주역을 키워내고 있다.

그 가운데 '롤러부'는 송북초의 가장 큰 자랑거리다. 특히 전북이 배출한 김아랑 키즈라 불릴 만큼 그 실력 또한 우수해 전국 대회에서 수많은 성과를 내기도 했다.

지난 2019년부터 '전국소년체전', '전국남녀종별롤러스포츠 스피드대회', '대한체육회장배 전국 롤러대회', '문체부장관배 전국 시도대항 대회' 등에 참가해 좋은 성과를 거두었다. 이기종 교장

은 "초등 과정은 다양한 배움을 바탕으로 글로벌 역량을 발휘할
수 있도록 하는 데 목적을 두고 있다"며 "스포츠 활동은 몸과 마
음을 성장시키는 필수적인 교육 활동이다"고 말했다.

다양한 프로그램을 지속적으로 제공해 학생들의 특기와 재능을
발견하고, 발전시킬 수 있도록 적극 지원하고 있는 송북초의 노력
에 학부모들 역시 만족도가 높다.

학부모 윤영필 씨는 "코로나19 탓에 컴퓨터 게임이나 스마트폰
으로 많은 시간을 보내고 있는 아이들에게 흥미는 물론, 다양한
경험을 제공해 주고 있다"고 말했다.

또한 '푸른 꿈 동요 부르기'는 동심을 잃어 가는 아이들에게 감
성과 인문학적 상상력을 키우는 역할을 하고 있다. 동요는 스마트

폰과 각종 미디어 매체에 노출된 성장기의 아이들에게 긍정적인 영향을 주고 있다.

이와 더불어 소프트웨어를 활용한 '창의력 신장 프로그램'은 놀이 중심의 언플러그드 코딩 활동부터 프로그래밍 실행까지 전학년 수준별 맞춤형으로 구성돼 있다.

이해인 교사는 "아이들이 문제를 해결하는 과정에서 서로 돕고 토론하는 협업 문화를 만들 수 있었다"며 "코딩 교육이 사고력 훈련 그 이상의 효과를 가져왔다"고 강조했다.

생태환경교육이 강조되고 있는 요즘 지구 사랑 실천 전교생 푸른 꿈, 숲 생태체험학습도 빼놓을 수 없다.
송북초는 해마다 전교생이 '건지산 생태체험학습'을 통해 그곳에서 만나는 무수한 생명과 마주하고 공존을 생각하는 시간을 갖는다. 기후변화로 인해 몸살을 앓고 있는 지구를 살리는 길은 자연을 훼손하지 않는 작은 실천에서 비롯된다는 것을 현장에서 배우고 있는 것이다.

이 밖에도 미래 인재 육성에 초점을 둔 송북초는 '수학창의체험교실', 실내 놀이터 '참새방앗간'과 '암벽 타기', '방송실' 운영으로 지식 교육과 체험학습의 장을 다양하게 열어 가고 있다.

교육공동체 협력의 교육,
전주유일여자고등학교

코로나19로 모두가 힘든 시기이다. 자영업자들은 말할 것도 없지만, 기업이나 기관, 학교도 힘들기는 마찬가지다. 학교의 경우 긴장감과 설렘으로 임해야 할 입학식도 하지 못했다. 또 배움과 성장의 보람과 자부심 가득했을 졸업식도 없었다. 그 외에 다른 교육과정도 정상적으로 운영되지 못하기는 마찬가지다.

학교는 배우는 곳이면서 인간관계가 이뤄지기도 하는 작은 사회이다. 그래서 학생들은 공부하고,

서로 소통하며 성장한다. 이런 성장으로 시민사회의 일원이 돼가는 것이다. 학교의 속살은 교실에서 이뤄지는 수업만이 아니라, 매우 복잡하게 얽혀 있다. 그 내부가 궁금해 길을 나섰다. 유난히 비가 잦았던 6월의 어느 날 전주 유일여자고등학교를 찾았다.

전주에서도 비교적 한적한 곳에 위치한 유일여고(교장 유수)는 1983년 개교 후 학생들의 자율성과 창의성을 바탕으로 명문 학교로 자리 잡아 가고 있다. 이 학교의 자랑은 과목별 이동 수업과 개인별 성향에 따라 선택할 수 있는 동아리 활동이다. 학술과 문화예술, 그리고 스포츠와 청소년단체 등의 다양한 동아리 활동은 개성이 강한 디지털 세대의 학생들과 눈높이를 맞추며 학교 만족도를 높여 가고 있다.

그렇다고 고민이 없는 것은 아니다. 모든 인문계 고등학교가 그렇듯 대학 입시라는 험난한 터널을 지나야 한다. 다양한 교육과정에도 불구하고 학생들이 체감하는 문제는 심각해 보였다. 내리는 빗소리를 들으며 학생들의 이야기를 듣기로 했다. 자연스럽게 교육에 대해 터놓고 이야기하는 자리가 만들어진 것이다.

학생들의 고민은 인문계 학교답게 주로 성적과 연관이 있어서 조금은 씁쓸했다. 그동안 역점을 두고 교육청에서 추진해 온 학교 혁신이나 학생 인권에 대해서는 별로 관심이 없어 보였기 때문이다.

1학년 박 모 학생은 "초등학교 6년 동안 시험을 치르지 않았고, 그러다가 중학교 들어와 자유학기제를 통해 다양한 활동을 해 왔지만 실제 진로 선택에는 큰 도움을 받지 못한 것 같다"면서 "자기만 공부를 안 하고 지나온 것 같아 어쩔 수 없이 학원에 다닐 수밖에 없었다"고 했다.

코로나로 인한 학습 결손에 대해서도 진단했다. 온라인 강의를 듣다 보니 정상적인 수업이 진행되지 못했고, 그래서 학력 격차가

더 커졌다는 평가도 있었다. 2학년 김 모 학생은 "2022년 문·이과 통합 시험을 치르게 되는데 문과생들에게는 상대적으로 수학에서 매우 불리한 상황이 될 것"이라며 바뀐 입시에 대해서도 걱정을 드러냈다. 또한 "코로나가 장기화되는 만큼 원격수업에 대한 현실적 대책 마련이 필요하다"는 입장도 피력했다.

　3학년 학생의 의견은 조금 더 성숙해 보였다. 김 모 학생은 "학교는 작은 사회인데 너무 학습 위주로 가다 보면 사회에 나가서도 성숙한 시민의 역할을 못 하는 결과로 이어질 수 있다"며 "초등학교 때부터 소통하는 법과 사회 시스템을 이해하는 토론 문화가 있었으면 좋겠다"는 바람을 전했다. 그러면서 유일여고에서 이뤄지고 있는 다양한 동아리 활동은 자신의 삶에 큰 도움이 될 것이라며 자부심을 드러냈다.

학교는 교사와 학생, 학부모 등 다양한 구성원들이 만들어 가는 공동체다. 이들이 공감대를 형성해 만들어 가는 문화가 곧 학교의 경쟁력이 될 것이다. 명문 학교는 단지 우수한 학생을 선발해 입시 성과만을 내는 것이 아닌, 다양성을 전제로 학교만의 문화가 성숙했을 때 부여할 수 있는 호칭이다.

학교가 어렵고 교육이 위기에 놓였다고 하지만, 그러나 학교의 속살은 사뭇 건강해 보인다. 교직원들의 열정과 학부모들의 신뢰, 그리고 학생들의 꿈과 함께하는 전주유일여고에서 코로나 속 희망을 발견한다. 내리던 비가 그쳤다. 하늘이 참 맑다.

인문학으로 빛나는 작은 학교의 기적,
지사중학교

겨울바람 스산하게 부는 날 임실에 있는 지사중학교를 방문했다. 먼저 교장실을 찾으려고 여기저기 다녔으나 교장실이 보이지 않는다. 마침 복도에 나와 있는 학생이 있어 교장실이 어디냐고 물으니 교장실이 없다며 자기를 따라오라 한다. 고개를 갸웃거리며 간 곳은 뜻밖에도 도서관이었다.

도서관에서 이 학교 김판용 교장선생님을 만났다. 반갑게 악수를 나누며 왜 도서관에 와 있는지를 물었다. 그는 대답보다 먼저 커피를 갈아 드립해 내놓는다. 찻잔을 놓고 마주 앉았다. 그러고는 말문을 열었다. 학교에 공간이 없어서 학생 상담이나 교사들이 아파도 쉴 곳이 없어 교장실을 내주었다는 것이다. 혼자 쓰는

것보다 함께 쓰자는 취지였다고 한다. 그의 섬김의 리더십을 읽을 수 있는 대목이다.

그래서 도서관으로 옮겨 왔는데 처음에 책만 쌓인 서고에서 이제 구성원들이 소통하는 광장으로 학교에 활기가 생겼다고 한다. 김 교장선생님이 오면서 표방한 '인문지사' 프로그램을 명실상부하게 실현할 수 있는 마당이기도 했다. 이 학교는 독서와 글쓰기 중심의 인문 교육에 치중하고 있다. 그 결과 2019년 12월 인문소양교육 활성화에 기여한 공로로 김판용 교장선생님이 교육부장관 표창을 받았다.

이 학교 인문학은 국내외에 걸쳐 획기적인 성과를 남겼다. 2019

년 11월에 있었던 베트남 하노이한국국제학교와 2주간 교육과정 공동 운영은 우리 교육사에 빛나는 기록이기도 하다. 단순 해외 체험이 아닌 두 학교가 교육과정을 공동으로 마련해 한 학교처럼 움직인 것이다. 학생들이 수업에 참여하는 것은 물론 지사중 교사들도 현지에서 수업을 진행했다. 또 하노이 호남향우회, 한인회를 비롯해 한국 기업들이 비용을 부담하는 등 전액 지원으로 부담 없이 혜택을 누렸다.

매년 봄이면 섬진강으로 독서여행을 겸한 라이딩을 전교생 전 직원이 같이 한다. 자전거 페달을 밟으며 자연과 함께하는 것도

좋지만 강가에서 책을 읽는 이 학교만의 프로그램은 매우 매력적이다. 그뿐이 아니라 여름이면 학교에서 책을 읽으며 밤을 샌다. 이 밤샘 독서에 2020년에는 캠핑카 회사의 후원으로 학생들이 캠핑카에서 생활하는 기회를 갖기도 했다.

또 하나의 특색 있는 사업이 지사마을우체국이다. 학생 수가 적어서 글쓰기 사업을 마을과 함께한 것인데, 지사에 6개 마을에 우체국을 세웠다. 더 중요한 것은 이 사업에 임실우체국과 지사면사무소, 그리고 지사초등학교가 함께한 것이다. 마을의 풍경을 담은 엽서와 우표도 발행했다. 편지지와 봉투도 제작해 마을우체국에 비치했다. 학생들이 집배원이 돼 마을에서 편지를 수거해 우표를 붙여 발송한다.

　이런 인문 교육은 디지털 시대에 아날로그적 감성으로 창의력
과 인성을 기르기 위한 김판용 교장선생님의 교육철학으로 꽃을
피웠다. 이미 흥덕중학교와 금구초중학교 교장을 역임하면서 일
관되게 추진해 왔던 사업이기도 하다. 학교 공간 혁신 역시 마찬
가지다. 김 교장선생님은 옮기는 학교마다 교장실을 혼자가 아닌
여럿이 쓰는 카페로 만들어 소통을 시도해 왔다. 그뿐 아니라 학
교 갤러리, 느티나무영화관, 인문학 계단, 쌈지문고 등 학교 공간
혁신을 통해 학교 문화를 바꾼 것으로도 유명하다.

　학교 곳곳에 김 교장선생님과 구성원들의 정성과 열정이 빛난
다. 이 학교 임정복 운영위원장은 작은 학교지만 큰 교육을 실현

하는 학교라며, 이런 노력과 열정이라면 작은 학교도 희망이 있다고 생각한다고 밝혔다. 학교를 나오는 순간 석양 노을이 달아오르기 시작했다. 올 한 해도 이렇게 저물고 있다는 듯, 아니 아름답게 마무리해야 하지 않겠느냐는 듯이 타오르고 있었다.

중·고교 신입생 입학준비금 활용

선물을 선택하는 기준은 사람마다
다 다릅니다.
무엇이 옳다, 그르다고 할 수 없는 문제죠.
하지만 '내가 뭘 주었을 때 상대가 가장 좋아할까'를
다들 한 번쯤 생각할 겁니다.
내가 주고 싶은 것을 줘도 좋지만
이왕이면 받는 사람이 유용하게 쓸 수 있다면 더욱 좋겠죠.

서울에서는 내년부터 중·고등학교 신입생 입학준비금을
학생이 자유롭게 쓸 수 있도록 할 예정이라고 합니다.
교복지원금만으로 한정하지 않고
학생 자신이 필요한 것들을
자유롭게 구입하는 거죠.

학생들은 자유의지로 뭔가를 선택할 수 있어서
더 기분 좋고 알차게 쓸 수 있을 것입니다.

중·고교 신입생을 위한 값진 입학준비금,
우리도 고려해야하지 않을까요.

더불어 교육혁신
서거석이었습니다.

VII. 공직자,
사람의 길을 묻다

◆ 학교의 5월, 그 찬란한 슬픔의 추억

◆ 고난 속에 피는 아름다운 이름, 부부(夫婦)

◆ 청렴의 그늘, 빛보다 더 밝은 희망

◆ 청렴, 그 이상의 청렴

◆ 국립대 총장의 허와 실

학교의 5월,
그 찬란한 슬픔의 추억

라일락 향기가 넘쳐나는 5월은 '가정의 달'답게 어린이날, 어버이날, 스승의날 등이 우리를 기다리고 있다.

오랫동안 학생들을 가르쳐 온 나에게도 역시 5월은 새롭다. 막 학교생활에 익숙해져 가는 신입생들을 보는 것도 흥미로웠다. 그들이 대견하기도 하고, 한편으로는 든든하기도 했다. 특히 스승의 날이면 사법시험 등 각종 시험에 합격해 각자의 길을 가고 있는 졸업생들이 찾아와 감사 인사를 전할 때면 내가 살아온 교육자로서의 길을 되돌아보곤 한다.

그러나 나에게 5월이 학교로만 오롯이 기억되는 것은 아니다. '학교 밖 소년'으로 지내야 했던 아픈 기억 때문이다. 초등학교 5학

년 때 아버지께서 사업에 실패하시자, 우리 가족은 집도 없이 뿔뿔이 흩어져야만 했다. 초등학교를 졸업했지만, 중학교에는 들어갈 수 없었다. 학비는 고사하고 하루 세끼를 걱정해야 했기 때문이다.

여름이면 아이스께끼통을 메고 이 골목 저 골목으로 팔러 다녔다. 여름이 아닌 때는 책가방 대신 나무 지게를 지고 산으로 가 섶나무를 해서 남부시장에 내다 팔았다. 남부시장 식당 아주머니들은 나를 '나무꾼 도령'이라고 불렀다. 어떤 분은 자신의 식당으로 데리고 들어가 국밥을 가득 말아주기도 했다.

아침에 지게를 지고 길을 나서다 등교하는 친구들을 보았다. 단정하고 맵시 있는 교복, 빛나는 모자의 교표! 남몰래 숨어서 바라본 그날 아침의 광경. 지게를 지고 산으로 향하는 나의 눈가에는 눈물이 촉촉했다. 무심코 올려다본 그해 5월의 햇빛은 유독 찬란했다.

1년 후 친척께서 한 학기 등록금을 주셔서 중학교에 입학할 수 있었다. 남들보다 1년 늦게 다닌 학교였지만, 학교로 향하는 길은 내내 행복했다. 하지만 2학기는 스스로 학비를 마련해야 했다. 지금의 전주시청 자리인 전주역 앞 2층 건물에 신문사 지국을 찾아갔다. 까만 안경을 쓴 지국장이라는 분이 찾아온 이유를 묻더니 너무 어려서 안 된다고 거절했다. 나는 거기서 물러나면 길이 없다고 생각해 통사정을 했다. 지국장은 내가 안쓰러웠는지 한번 해보라고 했다.

다음 날부터 새벽 4시 30분에 집을 나서 역으로 향했다. 화물열차에서 신문을 받아 겨드랑이에 끼고 이 집 저 집을 땀이 나도록 뛰어다녔다. 동네 사나운 개에 쫓기기도 했고, 겨울에는 얼어서 곱은 손을 호호 불어 가며 견디었다. 그렇게 매일 2~3시간 동안 신문을 돌리고 학교에 갔다.

교실 창문 틈으로 들어오는 햇볕이 따스하게 느껴졌다. 때로는 설레고 때로는 시린 세월이 반복되었다. 그런데도 가난의 존재는 쉽게 날 떠나지 않았다. 가난의 무게에 짓눌렸어도, 꿈조차 가난할 수는 없었다. 나는 주어진 여건에 최선을 다하려고 했다. 그러다 보니 교수가 되었고, 운 좋게 대학 총장까지 되었다.

시대가 변하고 형편이 나아졌다고는 하지만 그래도 저 찬란한 5월의 초록, 그 그늘에서 고단한 하루를 보내고 있는 사람들이 있을 것이다. 코로나19로 벼랑 끝에 선 자영업자들, 부모로부터 외면당한 아이들, 자신의 꿈을 위해 온 밤을 하얗게 지새고 있을 취업준비생. 그들에게도 가정의 달인 이 5월의 햇살이 따스했으면 좋겠다.

고난 속에 피는
아름다운 이름, **부부(夫婦)**

지난 주말 지인의 자녀 결혼식에 다녀왔다. 철저한 방역 때문인지 아직까지는 결혼식장에서 코로나가 확산됐다는 소식이 들리지 않아 다행이다. 신랑 신부의 새 출발을 축하하러 온 하객들에게 문제가 없으니 그 자체가 축복이 아닌가 싶다.

가족을 이루고 산다는 게 그리 쉬운 일만은 아니다. 열정적으로 사랑하여 결혼하고 자녀를 낳아 기르다가도 서로 갈라서는 경우가 허다하다. 미국 코넬대 인간행동연구소의 한 연구 결과에 따르면 열정적인 사랑의 유효기간은 900일이라고 한다. 하지만 서로 사랑을 유지하는 것은 두 사람 하기 나름이다. 결혼 생활은 서로 존중하고, 역지사지(易地思之)해야만 유지될 수 있다.

최근 전국적으로 이혼율이 급증하고 있다고 한다. 지난 5월 말 통계청 발표에 의하면 올 1분기 이혼 건수가 2만 5,206건으로 작년 같은 기간에 비해 3.5% 증가했다. 실제로 이혼율이 해마다 계속 2% 정도씩 상승하고 있다. 이혼은 단지 부부만의 문제에 그치지 않고, 자녀에게 씻을 수 없는 상처를 남기기에 신중해야 한다. 오죽하면 그랬을까 생각할 수도 있겠지만 서로 존중과 배려가 조금만 더 깊었더라면 하는 안타까운 마음이 든다.

나는 아내와 오랜 세월을 함께했다. 마냥 꽃길만 걸었던 것은 아니다. 그러나 서로에 대한 사랑과 믿음으로 그 어려움을 극복할

수 있었다. 그중에서도 가장 힘들었던 건 결혼 3년 만에 당한 아내
의 교통사고였다. 아내가 학생들의 체험학습을 지도하러 갔다가
시외버스에 치어 중상을 입었다.

당시 아내의 상태가 너무 심각해 생사를 가늠할 수 없었다. 머리
부터 발끝까지 성한 데가 없었다. 그런 아내의 병상을 지키며 온
힘을 다해 간호했다. 그리고 아내를 내 곁에 있게 해 달라고 간절
히 기도했다. 그런 내 정성이 통했는지 3년 만에 아내는 긴 병원
생활을 마감했다. 그 기간은 힘들고 고통스러웠지만, 아내의 소중
함을 절절히 느낄 수 있었다.

그러나 몸의 상처가 아물었다고 병간호가 끝난 게 아니었다. 큰
교통사고 이후에는 외상 후 스트레스, 신경통 등 여러 후유증이
남는다. 그중 외상 후 스트레스(우울증)가 무서운 것이었다. 아내

는 사소한 일에도 뜻대로 안 되면 생을 포기하려고 했다. 보이지 않는 병과 싸우는 아내가 너무 안쓰러웠다. 그리고 10년의 세월이 흘렀다. 나는 그간 간병하랴, 육아와 살림하랴, 그리고 수업 등으로 힘겹게 30대 중반을 거쳐 40대 후반을 맞이하였다.

그 후, 지성이면 감천이라고 가족의 지극한 정성과 아내의 의지로 후유증을 떨쳐내고 완전히 정상을 되찾았다. 아내는 퇴직 후 지금은 의미 있는 봉사활동을 하며 지내고 있다. 참으로 고맙고, 감사한 일이다. 지금도 아내는 내 간호 덕에 자신이 생존할 수 있었노라고 고마워한다. 나로서는 아내가 소중해서 한 일인데 칭찬을 받으니 쑥스럽기도 하다.

그러나 다른 한편으로 오히려 감사한 것은 나다. 총장과 학장을 하면서 공적인 일을 위해 월급을 헐어 쓰느라 빚만 안겨 주었기 때문이다. 내가 공적인 일을 맡지 않았다면 지금 20년 넘은 낡은 아파트에 살고 있지 않았을지도 모른다. 또 우리 아이들이 월세방을 전전하며 어렵게 공부하지 않아도 됐을 것이다. 그럼에도 아내는 지금도 나의 든든한 우군이다. 아내의 기도와 믿음으로 외부 활동을 한다 해도 과언이 아닐 것이다. 그 기저에는 우리 부부의 존중과 이해, 그리고 인내가 있었기에 가능했다.

코로나 속에 어렵게 출발하는 저 신혼부부가 서로의 믿음으로 평생을 같이 살며 함께 늙어 갔으면 하고 가만히 두 손을 모아 본다.

청렴의 그늘,
빛보다 더 밝은 희망

조선시대 청렴한 관리의 호칭으로 '염근리(廉謹吏)'와 '청백리(淸白吏)'가 있다. '청백리'는 잘 알지만, '염근리'는 아마 생소할 것이다. 염근리는 고려와 조선시대에 능력을 갖춘 청렴결백한 관리에게 조정에서 내리는 녹선인데 뽑는 절차가 까다로웠다. 동료들의 평가와 사간원, 사헌부는 물론 홍문관과 의정부의 검증까지 거친 후 선정이 됐다.

이렇게 관료가 염근리로 선정된 후 죽으면, 다시 평가를 해서 내리는 칭호가 청백리였다. 청백리의 요건이 탐욕의 억제, 매명 행위의 금지, 성품의 온화함 등을 내세웠으니 이상적인 관료상이라 할 것이다.

연산군 때 잘못된 정사를 바로잡기 위해 끊임없이 간언하다가 강음(江陰)으로 유배돼 그곳에서 생을 마감한 윤석보라는 선비는 중종 때 염근리로, 그리고 선조 때 청백리에 선정된 사람으로 유명하다. 그가 풍기군수로 있을 때의 일이다. 멀리 풍기까지 가야 하니 처자식을 고향에 두고 혼자 임지로 떠났다.

군수로서 나랏일에만 힘쓰면서 가족을 돌보지 않으니 살림살이가 말이 아니었다. 굶기를 밥 먹듯 하던 가족들이 견디다 못해 토지를 장만해 자활하려고 했다. 그래서 집안 물건들을 팔아 밭 한 마지기를 샀다. 그 소식이 윤석보에게 전해졌다. 그는 가족들의 행위에 탄식하며 이렇게 말했다. "옛말에 공직에 있으면서 자신을 위해 한 척의 땅이라도 넓혀서는 안 된다는 말이 있는데, 이는 국록 이외의 것을 탐내지 말라는 뜻이 아니겠는가. 그런데 내가 관직에 올라 국록을 받으면서 땅을 장만했다면, 세상 사람이 나를 어떻게 생각하겠는가?"

그는 가족들을 설득하여 즉시 밭을 되팔도록 했다고 한다. 요즘 기준으로 그 정도면 너무한 것 아니냐고 할 수도 있다. 공직에 있으면서 저축해 좀 더 큰 아파트로 옮기고, 재산을 늘리는 것까지 비난할 수는 없기 때문이다. 그러나 윤석보는 그 당시 부패가 만연돼 있어 스스로에게 더 가혹한 잣대를 들이댔을지도 모른다.

　내가 대학에서 학장과 총장으로 있으면서 가장 중시했던 것은 구성원 간의 신뢰를 토대로 대학의 내실을 기하고 위상을 높여 졸업생들이 원하는 일자리를 찾아갈 수 있도록 돕는 일이었다.

　또한 나는 학장으로 취임했을 때 응접의자가 길게 놓여 있는 학장실을 교수들의 휴게실 겸 자료실로 내드리고 비좁은 부속실에서 학장 업무를 수행했다. 교수들의 사기를 높여야 연구와 수업, 학생 지도에 전념할 수 있다고 생각했기 때문이다.

　또 대학의 보직을 맡으면서 재산을 늘리기는커녕 빚을 지기도 했다. 법대 학장이 되자마자 '법대 살리기'의 일환으로 사법고시 준비생들에게 공부할 수 있는 여건을 만들어 주기 위해 기금을 모금했다. 학장이 다른 교수들보다 솔선해야 했기 때문에 IMF 시기라서 모두 경제적인 어려움을 겪고 있었을 때임에도 당시로는 큰 액수의 빚을 내어 기금에 보탰다. 총장 때도 역시 대학발전기금 조성의 마중물 역할을 하기 위해 빚을 내어 학장 시절의 다섯 배되는 금액을 쾌척했다. 비록 목돈은 없었어도 대학 발전이라는 대의를 위한 선택이었다.

가장이 국록을 먹고 있으니 가족들은 궁핍을 참아야 한다는 윤석보의 대쪽 같은 청렴에는 못 미칠지라도 나 역시 가족들에게 미안한 건 사실이다. 그러나 왜 그래야 하는지 말을 안 해도 알고 지금도 나를 적극 응원하고 있으니 그저 감사할 따름이다. 청렴에는 궁핍의 그늘이 있다. 그러나 그 그늘은 분명 빛보다 더 밝은 희망이 될 것이다.

청렴,
그 이상의 청렴

최근 일부 LH 직원들이 내부정보를 이용해 땅 투기를 한 정황이 드러나 국민의 공분을 사고 있다. 여기에 개발 정보를 취급하는 지방 공무원들의 부동산 투기까지 드러나면서 공직자들에 대한 불신이 극에 달한 상황이다. 공익을 위해 일해야 할 사람들이 그 정보를 이용해 사익을 추구했다면 이는 엄연한 범법 행위이다. 이번 사건을 접하면서 공직자의 자세를 다시 한번 생각하게 된다.

언젠가 가족의 장례에서 알게 된 수의(壽衣)에 주머니가 없어 저승 갈 때 가져갈 게 아무것도 없다는 사실은 나에게 깨달음을 주었다. 학창 시절 경제적 어려움을 겪었지만 자립하면서부터 재물을 탐하기보다는 삶의 가치를 중시하여 교수직을 성직처럼 여겼다.

총장이 되어서도 마찬가지였다. 국립대 총장은 청와대로부터 엄격한 인사(도덕성) 검증을 거친다. 그 검증을 통과하지 못해 대통령의 임명을 받지 못한 경우도 많다. 교수, 직원 등 내부 구성원들이 선출한 총장을 그렇게 혹독하게 인사 검증을 해야 하는가. 하고 의문을 제기하는 사람들도 있다. 대학의 조직 문화는 원래 '상명하복(上命下服)'의 수직적인 것이 아니라 수평적이다. 그런 문화 속에서 거대한 대학 조직이 제대로 돌아가려면 총장의 도덕성이 가장 우선돼야 하기 때문에 그럴 것이다.

나는 대학 총장 8년간 공적인 것의 사유화를 한 번도 생각해 본적이 없다. 오히려 공적인 일의 연장선에서 사비를 쓰는 일이 잦

앗다. 어떻게 그런 일이 있을 수 있느냐고 반문하는 사람들도 있다. 예컨대 총장 자리에 있기 때문에 국회를 비롯하여 중앙부처, 지자체 등 유관기관 관계자의 애경사를 챙겨야 하는 경우가 많았다. 또 주말이나 평일 저녁 9시 이후에는 업무 추진 카드를 사용할 수 없기 때문에 대외적 활동이 많으면 많을수록 개인카드 사용과 지출이 늘어났다.

지금 돌아보면 가족에게 한없이 미안하다. 그러나 어쩌겠는가? 구성원들의 지지로 막중한 총장직을 맡게 됐으니, 그 큰 대학 조직을 능동적으로 움직여 발전시키려면 그런 희생은 감수할 수밖에….

나는 오랜 세월 학생들에게 정의가 무엇인가를 가르쳤다. 그런 내가 부정한 일을 생각하는 건 스스로 용납할 수 없는 일이었다. 설사 백 보를 양보하여 부정한 마음을 먹었다고 해도 국립대는 조직 생리상 총장이 이권에 개입할 수 있는 여지가 전혀 없다. 5급 사무관 이상 승진 인사권이 전적으로 교육부에 있어 일반 공무원은 총장으로부터 자유롭기 때문이다. 또한 교수의 경우에도 인사 문제가 전적으로 학과에서 이뤄지기 때문에 더더욱 총장을 의식할 필요가 없다. 실제로 나는 총장 재임 시 대학 내의 각종 공사나 물품 구매에 직·간접으로 단 한 번도 관여한 적이 없다. 전적으로 실무 부서 책임하에 업무를 처리하도록 했다.

따라서 국립대 총장은 조직을 장악하고 통솔할 수 있는 실질적 힘이 전혀 없는 명예직이나 다름없다. 자유로운 대학 문화에서 총장을 위해 충성한다는 개념 자체가 성립할 수 없고, 총장이 권위를 내세울 수 있는 여지도 없다. 오로지 총장 자신의 희생과 헌신으로 소통하고 설득하는 것이 공동체를 이끌어 갈 수 있는 유일한 수단이다.

청렴은 모든 공직자의 기본이다. 청렴하지 않으면 조직은 병든다. LH 직원이나 공무원들의 땅 투기는 공익을 침해한 정도를 넘어 사실상 그 조직을 무너뜨렸다고 해도 지나치지 않는다. 하위직과 고위직공무원의 청렴에 대한 해석은 달라야 한다. 왜 전쟁에서 지휘자가 선봉에 서는지를 생각해야 한다.

'노블레스 오블리주'는 이제 미담의 소재가 아니라, 고위공직자가 지켜야 할 덕목의 하나이다. 이를 밖으로 드러낼 필요도 없다. 의무이기 때문이다.

국립대 총장의
허와 실

사회가 복잡해지면서 대학의 형태도 다양해졌다. 전국의 360개가 넘는 대학 중 국립대는 43개에 달한다. 그 국립대를 이끄는 최고 수장이 총장이다. 국립대 총장은 장관급이다. 민선으로 자치단체장을 선출하면서 국립대 총장의 위상이 격하되었지만, 여전히 정부 직제상으로는 도지사나 교육감이 차관급이니 전북에서는 전북대 총장의 지위가 제일 높은 셈이다.

국립대학교 총장이 되기는 매우 어렵다. 국립대 총장은 대학 구성원(교수, 교직원, 조교, 학생)들이 직접 선출한 후 교육부 장관의 제청과 국무회의 심의를 거쳐 대통령이 임명하는 공무원이다. 정치인인 도지사나 교육감, 시장, 군수처럼 선거에 의해 당선되면

별도의 임용 절차 없이 바로 취임하는 것과 사뭇 다르다.

　국립대 총장이 대통령의 임명을 받으려면 반드시 청와대의 철저한 인사(도덕성) 검증을 거쳐야 한다. 인사 검증에는 위법 부당한 일은 물론, 부동산 투기, 위장전입, 음주운전 등 도덕성 문제와 학문적 성과까지 엄격한 잣대를 들이댄다. 그래서 총장 선거에 당선되었지만 청와대의 인사 검증을 통과하지 못해 총장 발령을 받지 못하는 경우가 가끔 생긴다. 그렇기에 혹독한 청와대 인사 검증을 통과한 사람에 대해서는 도덕성 시비를 걸기 어렵다. 나는 처음 총장이 될 때, 노무현 정부 청와대의 이른바 386 보좌관들의 엄격한 도덕성 검증을 통과했다. 그리고 4년 후 재선 때, 다시 청와대의 인사 검증을 통과한 바 있다.

　일반인들은 이처럼 지위가 높고, 까다로운 청와대 인사 검증까지 거친 만큼 국립대 총장의 권한이 매우 클 것으로 생각한다. 그러나 국립대 총장은 자치단체장이나 교육감처럼 조직을 장악하고 통솔할 수 있는 가장 막강한 권한인 인사권을 갖고 있지 않다.
　국립대 행정직원의 경우, 5급 사무관 이상의 공무원 승진은 교육부에서 전권을 행사하고 교수의 신규 채용은 100% 각 학과에서 주관하기 때문이다.
　결국 국립대 총장이 조직을 이끌 수 있는 수단은 기본적으로 총장의 헌신과 희생이지만 보다 중요한 것은 구성원들과의 진정성

있는 소통과 화합이다.

나는 취임 첫 학기부터 임기 만료 때까지 8년간 매년 두 차례 14개 단과대학을 순회하면서 교수들과 직접 대화에 나섰을 뿐만 아니라 직원, 학생 대표들과도 매년 두 차례 소통의 시간을 가졌다. 대학 구성원과 정기적으로 소통의 장을 마련한 것은 당시로서는 대학사상 최초의 일이었다. 어느 조직이든 조직 내외의 소통이 원활한 경우에는 그 조직이 발전할 수 있지만 그렇지 않은 경우에는 그 조직이 결코 발전할 수 없다는 것을 체감할 수 있었다.

총장 재임 기간 동안 대학 구성원 간의 긴밀하고 원활한 소통을 토대로 대학을 변화와 혁신으로 이끈 결과, 전북대가 '한국 대학 혁신의 아이콘'으로 전국 대학들의 벤치마킹 대상이 되었다. 그에 따라 부산대와 어깨를 나란히 할 정도로 대학의 위상이 높아져 명문 국립대로 발돋움할 수 있었다. 그 덕택에 나는 구성원으로부터 한 번도 어려운 총장에 연이어 두 번 선택받았다. 실제로 전북대에서 직선으로 연임한 총장은 전무후무할 뿐만 아니라 전국 국립대에서도 매우 드문 예이다.

되돌아보면 국립대 총장은 희생하고 헌신하는 자리이지, 군림하며 권한을 행사하는 자리가 아니었던 것이다. 그럼에도 국립대 총장이 '무소불위(無所不爲)'의 권력을 행사할 수 있는 것처럼 오해하는 분들을 만나면 솔직히 억울한 심정이다. 큰 조직을 움직이는 원동력은 권력이나 권한이 아닌 리더의 소통과 헌신을 기반으로 한 구성원들의 의지와 열정이기 때문이다.

Ⅷ. 교육, 다시 희망을 노래하다

◆ 교육으로 희망의 사다리를 만들자

◆ 사람의 품격을 높이는 독서교육을

◆ 학급당 학생 수 감축, 학교교육 정상화의 지름길

◆ 교원 감축 중심의 교원수급정책 안 된다

◆ 교육과정, 교육 주체에게 돌려줘야

교육으로
희망의 사다리를 만들자

영화 <기생충>은 2019년 미국 아카데미상 4관왕을 비롯해 세계적인 영화제를 휩쓸었다. 방탄소년단(BTS)과 함께 한국의 위상을 한껏 드높인 것이다. 한 지붕 아래서 벌어지는 세 가족의 이야기를 그린 블랙 코미디물로, 세계가 이 영화에 주목한 것은 빈부격차와 불평등에 대한 공감이었을 것이다. 그만큼 불평등이 세계적인 문제라는 반증이다.

이 같은 불평등은 코로나19의 습격으로 더 심화되고 있다. 지난해 10월 서울대 보건대학원이 조사한 '코로나19 국민인식조사'에 따르면 우리 국민이 가장 우려하는 것은 경제적 불평등(53.0%)이었다. 또 국제구호개발기구 옥스팜도 지난달 발표한 '불평등 바이러스' 보고서에서 지구상에 가장 부유한 1,000명은 9개월 만에 코로나19로 인한 경제적 손해를 회복했지만 빈곤층은 10년 이상 걸릴 것이라고 내다봤다.

이에 앞서 프랑스 경제학자 토마 피케티는 2013년 펴낸 『21세기 자본』에서 불평등의 원인이 자본소득이 노동소득보다 훨씬 커진 데 있다고 주장했다. 더욱이 자본소득의 세습이 사회계층 간 사다리가 사라지고 고착화되는 주요 원인이라고 보았다. 한국의 경우 부동산 가격의 급등으로 자본소득과 노동소득의 격차를 더 벌려놓았다.

그러면 교육 분야는 어떨까. 그동안 우리나라 교육은 경제 발전의 견인차이자 계층 이동의 사다리 역할을 해 왔다. 개천에서 용이 승천할 수 있는 유일한 길이었다. 그런데 이제는 그러한 기대를 할 수 없게 되었다. 국민 10명 중 9명이 특권 대물림 교육 문제가 심각하다고 응답(리얼미터 2019년 조사)할 정도이다.

지난해 9월 '사교육걱정없는세상'이 주최한 '코로나로 심화되는 교육 불평등 해소 방안을 모색하는 온라인 국회토론회'에서 발제자는 경제력, 직업, 학벌, 거주 지역 등 부모의 배경이 자녀에게 대물림되는 현상을 여러 예를 들어 설명했다. 특권 트랙이 '영어 유치원→ 사립초→ 국제중→ 영재고·특목고·자사고→ SKY대학→ 전문직·대기업'으로 이어진다는 것이다. 특히 부모의 경제력에 전문직이나 정치인이라는 직업과 서울대라는 학벌, 강남이라는 거주 지역이 합해지면 딱 맞아떨어지는 조합이다. 전북에서 교육받은 대다수 학생들은 처음부터 아예 접근하기 어려운 구조다. '사교육걱정없는세상'은 이에 대한 해법으로 '교육 불평등 해소를 위한 법률' 제정을 제안했다.

정부에서도 부모의 사회·경제적 지위가 자녀에게 세습되는 양극화 현상이 심화되자 대책 마련에 나섰다. 그 단초 중 하나가 한국교육개발원의 '교육분야 양극화 추이 분석을 위한 5개년 (2020~2024)계획'이다. 이 연구에 의하면 상하위 계층 간 간극의 증가와 이동성 감소가 두드러지고 공교육 분야보다 사교육비 투자 등 사적 영역의 문제가 심각하다는 것이다. 한 마디로 교육이 계층 이동의 사다리는커녕 부모의 불평등을 자녀에게 대물림하는 촉매제가 되고 있다는 것이다. 정말 가슴 아픈 일이 아닐 수 없다.

교육은 건강하고 생산적인 민주시민을 양성해 공동체가 함께 잘 살도록 하는 공공의 활동이다. 그리고 교육에 접근할 기회와 과정, 결과가 평등해야 마땅하다. 교육의 본질은 추구하되 취약 계층의 고려가 우선시되어야 하는 이유다. 그래야 교육 공정성을 되찾고 금수저·흙수저 논란도 잠재울 수 있다. 정부와 교육청, 학부모가 교육 불평등의 고리를 끊는 방안에 머리를 맞댔으면 한다.

사람의 품격을 높이는
독서교육을

"더 많이 읽으면 똑똑하게 되고, 학력이 높아지며, 그들이 결국 부자가 된다."『하루 15분 책 읽어주기의 힘』의 저자 짐 트렐리즈의 주장이다. 동네 도서관에서 성장했다는 빌 게이츠나 리드대학의 인문학 고전을 섭렵한 스티브 잡스의 성공 비결이 독서였음은 세상이 다 아는 바이다. 핀란드가 세계 1위의 교육 강국일 수 있었던 것도 독서교육 때문이다.

우리 역시 교육과정 안에 독서교육을 강화하고 있지만, 독서교육을 통해 학생들의 변화를 이끌어 내는 데는 아직 역부족이다. 그 원인은 먼저, 수험 과목 집중으로 인한 무관심일 것이다. 잠재적 역량을 기르기보다 당장 점수를 올리기에 급급하다 보니 독서가 입시 교과에 밀릴 수밖에 없다. 둘째, 스마트폰이나 컴퓨터 게임 중독 때문이다. 스마트폰이나 컴퓨터 게임 등이 책보다 훨씬 자극적이고 재미가 있으니 독서가 후순위가 된 것이다. 셋째, 매력적인 독서 프로그램의 부족이다. 무작정 독서의 가치만을 강조한다고 해서 학생들이 따르지는 않는다. 다양한 매체에 맞설 독서교육 콘텐츠를 개발해야 한다.

독서교육을 활성화시키려면 첫째, 독서의 효과에 대한 인식을 바꿔야 한다. 독서보다 문제집을 풀어야 성적이 오른다는 사고를 버려야 한다. 한국직업능력개발원이 지난 2004년 당시 중학교 3학년을 대상으로 독서가 대입과 취업에 어떤 영향을 미치는지를 12년간 종단 연구했다. 2016년에 발표한 결과는 놀라웠다. 중학교 때 책을 많이 읽은 학생의 과목별 수능 표준 점수(환산치)가 22점 높았고, 대기업이나 공기업 등 좋은 직장에 취업할 확률이 20%가 높게 나왔다. 더 놀라운 것은 책을 많이 읽은 저소득층 학생들이 부유하고 학력 수준이 높은 가정의 학생들보다 수능점수가 10~20점 정도 높았다는 점이다.

둘째, 교육적 차원에서 아이들의 매체 접근을 조절해야 한다. 성인도 인터넷이나 스마트폰에 빠지면 헤어나기 어려운데, 호기심 많은 학생들은 어떻겠는가? 서울시의회가 2020년 11월에 실시한 서울 시내 초·중·고교생과 학부모 대상 설문에서 학생 62%, 학부모 72.7%가 학생들의 인터넷·스마트폰 중독이 심각하다고 응답했다. 우리 전북의 경우도 별반 다르지 않을 것이다. 전문가들은 인간의 뇌 발달이 활발한 시기를 대략 12세까지로 보고 있다. 이때가 독서 습관을 기르는 골든타임이다. 중독성 있는 일을 아이 스스로 자제하기는 어렵다. 스마트폰과 인터넷 접근을 교육적으로 조절하는 사회적 합의가 필요한 이유다.

셋째, 다양한 독서교육 활동이 수업을 통해 이루어져야 한다. 독서교육은 교육과정과 별개가 아니라 교육과정 내에서 교과, 창의

적 체험활동과 연계해 실시되어야 한다. 체계적인 독서교육을 위해 읽기 전, 중, 후 활동 내용을 작성해 학생들이 수업 시간에 성취기준을 달성할 수 있도록 해야 한다. 또한 온작품 읽기, 등장인물에게 편지 쓰기, 역할극으로 바꾸어 보기, 재미있는 장면 그림으로 표현하기, 모둠별 스토리 북 만들기, 줄거리를 노래나 랩으로 표현하기, 책 속에 나오는 복장 관련 패션쇼 하기 등 학생들의 수준과 흥미를 고려한 맞춤형 독서 활동이 이루어져야 한다. 그러면 아이들의 독서에 대한 친화력이 높아질 것이다.

　독서는 아이를 성공으로도 이끌지만, 자신을 돌아보는 기회를 통해 남을 이해하고 교감하는 능력을 향상시킨다. 이처럼 독서를 통해 길러진 따뜻한 품성은 사회적 약자를 배려함은 물론, 공동선을 위한 연대와 협력으로 나가게 할 것이다. 따라서 독서는 사람의 품격을 높이는 가장 효과적인 길이다. 체계적인 독서교육이 절실한 이유이다.

학급당 학생 수 감축,
학교교육 정상화의 지름길

　도시 신개발 지역의 경우, 신종 코로나바이러스 감염병으로 학급당 학생 수가 30명 이상인 과밀학급이 등교수업에 걸림돌이 되고 있다는 지적이다. 그런데도 교육부는 과밀학급 해소를 위한 뾰족한 해결책을 내놓지 못하고 있다. 단기적으로는 이동식 학교 건물(모듈러 교실) 확보 등을 통해 해결하겠다는 것이 교육부 방침이다. 하지만 이번 기회에 학급당 학생 수를 20명 수준으로 감축해야 하는 것이 바람직하다. 이와 관련하여 각종 교육정책에 대해 서로 다른 입장을 내세우던 교원단체들마저도 한목소리로 찬성하고 있으며 입법 청원까지 한 바 있다.

　2020년 OECD 상위 10개국 교육지표를 보면 조사 대상 국가의

평균 학급당 학생 수는 초등 17.8명, 중등 19.2명이다. 우리나라의 경우, 초등은 학급당 23.1명, 중등은 26.7명이다. 특히 대도시는 한 학급당 학생 수가 35명이 넘는 경우도 있어 OECD 상위 국가들 평균과 차이가 더 벌어진다. 그럼에도 교육부에서는 OECD 국가와 크게 차이가 없으니, 학급당 학생 수 감축이 시급하지 않은 것으로 보고 있는 것 같다.

교육부 자료에 따르면 지난해 기준 전국 초중고 11,957개교 중 4,774개교(39.9%)가, OECD 회원국의 평균 학급당 학생 수(23

명)보다 많은 것으로 나타났다. 학급당 학생 수가 30명을 넘어서는 과밀학급도 전국에 477개교에 달했을 만큼, 과밀학급 문제는 이미 심각한 수준을 넘어섰다.

우리나라의 과밀학급 판단 기준은 먼저 학령아동 감소라는 시대적 상황을 고려하지 않았다. 또한 도시와 농어촌 구별 없이 전체 학생 수를 전체 학급 수로 나눈 결과를 기준으로 했기 때문에 도시 지역의 경우에는 평균의 함정에 빠져 과밀학급의 심각성을 간과하였다. 따라서 과밀학급 판단 기준을 재조정할 필요가 있다.

농어촌 지역의 소규모 학교는 학급당 학생 수가 10명도 안 되는 학급이 많다. 반면에 도시 지역 학교는 학급당 학생 수가 30명 내외인 학급이 많다. 정부에서는 최소한 도시와 농어촌 지역을 구분하여 학급당 학생 수를 산출하고, 그 문제점을 인식해야 한다. 단순 통계에만 매몰되어 도시 지역 문제의 심각성을 인식하지 못한 점은 지적받아 마땅하다.

포스트, 아니 위드 코로나시 대에 학급당 학생 수의 적정화는 이제 시대적 요청이다. 코로나 상황 속에서 사회적 거리두기 3단계를 제외하고는 소규모 학교만이 전면 등교수업이 가능했고, 그 외의 규모가 큰 학교는 대면·비대면 수업을 번갈아 시행했다.

초·중·고 학급당 학생 수를 20명 이하로 명시하는 내용 등을 담은 교육기본법, 초중등교육법 개정안이 지난 4월 발의되어 현재 국회 심의 중에 있다. 국가의 '백년대계(百年大計)'인 교육을 정상화하고, 대한민국을 이끌어 갈 미래 인재를 육성하는 것은, 그 무엇보다 중요한 문제다. 그렇다면, 국회도 이 문제에 대한 심도 있는 논의를 통해, 국가와 아이들을 위한 최선의 법안이 빨리 만들어지도록 해야 할 것이다.

학급당 학생 수 적정 수준을 20명 이하로 하는 것은 대한민국이 새로운 미래교육으로 나가기 위한 토대가 된다. 향후 또다시 찾아올 팬데믹 상황에서 감염병으로부터 아이들을 지킬 수 있는 가장 효과적인 방법이다. 또한 교사의 수업 방법 개선과 함께 학생 맞춤형 교육을 통한 학력 격차 해소 등 질 높은 교육 여건을 제공하는 계기가 될 것이다.

교원 감축 중심의
교원수급정책 안 된다

일상의 회복에 대한 간절함과 달리 감염병 팬데믹의 종말은 우리에게 쉽게 찾아오지 않을 듯하다. 코로나19는 사회 각 분야에서 새로운 변화에 대한 성찰과 뉴노멀(new normal)을 요구하고 있다. 교육 분야도 예외가 아니다. 학교 수업 방식의 변화, 온라인 수업 확대, 학령인구 급감 등 급변하는 교육 환경은 미래교육 전환을 위한 새로운 과제를 던져 주고 있다.

유엔인구기금(UNFPA)이 지난달 발간한 『2021 세계 인구 현황 보고서』에 따르면 세계 평균 출산율이 2.4명인 데 반해 우리나라 '합계 출산율'은 1.1명으로 세계 최하위인 198위이다. 우리나라보다 출산율이 낮은 국가는 없다. 인구문제는 국가의 모든 분야에

영향을 미치고 있다. 특히 교육 분야의 학생 수용이나 교원 수급 등과는 매우 밀접한 관계에 있다.

교육부는 지난해 7월 '미래교육 환경변화에 대응하는 교원수급 정책 추진 계획'을 발표했다. 이 발표에 따르면 학생 수가 매년 감소하기 때문에 2024년까지 초등교원과 중등교원 간의 규모 차이는 있지만 매년 채용 규모를 줄이는 것을 내용으로 하고 있다. 하지만 학령인구감소와 교원정원 축소라는 관성적이고 기계적인 접근은 교육 문제를 경제 논리로 해결하겠다는 근시안적 사고이다.

우리나라 유·초·중·고의 학급당 평균 학생 수는 여전히 OECD 회원국보다 많은 편이고, 교원 수는 적은 실정이다. 2018년 OECD 평균 학급당 학생수는 초등학교 21.1명, 중학교 23.3명이다. 이에 반해 우리나라의 경우에는 초등학교 23.1명, 중학교 26.7명으로 격차가 매년 줄고는 있지만 아직도 OECD 평균에는 도달하지 못하고 있다.

포스트 아니 위드 코로나시대에 학급당 학생 수의 적정화는 이제 시대적 요청이다. 코로나 상황 속에서 사회적 거리두기 3단계를 제외하고는 소규모 학교만이 전면 등교수업이 가능했고, 그 외의 규모가 큰 학교는 대면·비대면 수업을 번갈아 시행하면서 친구들과의 관계 맺기, 정서적인 우울감 문제, 학생 간 학력 격차 등

의 문제 등을 야기했다. 미래형 교육과정 실현을 위한 핵심 요건은 '작은 학교', '작은 학급'의 구현이다. 그러므로 학생 수가 감소했다고 해서 계량적으로 교원 수를 감축하는 것은 결국 교육의 질 제고와는 동떨어진 결과를 초래할 것이다.

교육부가 최근 주장하고 있는 가칭 K-교육 선도형 교원수급체계 문제는 교육과정, 교원 양성기관, 교원 임용시험, 교원 승진 구조, 고교학점제, 작은 학교 살리기 등 핵심적 교육정책과 맥이 닿아 있어 신중하고도 장기적인 관점에서 접근해야 한다. 특히 2025년 고교학점제 전면 도입을 앞두고 고등학교에는 대학처럼 다양한 교과목을 개설해야 한다. 그러기 위해서는 지금보다 훨씬 많은 교사 확보가 관건인데 교사 채용 규모를 줄이고 교원 자격 미소지자를 기간제 교사로 임용하는 것은 바람직하지 않다.

특히 전북 초·중·고의 경우, 전체 769개교 가운데 51.2%가 전교생 60명 이하이지만 전주, 익산, 군산 등 도시 지역의 경우에는 과밀학급 문제가 심각하다. 따라서 이를 해결하기 위해서도 교원 정원 감축은 안 된다. 지금이야말로 학급당 학생 수를 OECD 평균 기준으로 줄여 교육의 질을 높일 수 있는 절호의 기회다.

교육부는 학령인구 감소를 계기로 경제 논리만을 앞세워 교원 정원을 감축할 것이 아니라 교육의 질 제고를 위해 학급당 학생 수 감축에 적극 나서야 할 것이다.

교육과정, 교육 주체에게 돌려줘야

최근 교육 현장의 담론은 '포스트코로나 시대, 미래의 삶을 꾸려 갈 아이들을 어떻게 가르칠 것인가'이다. 더욱 아이들 미래의 삶이 현실에서 비롯된다는 점에서 교육과정의 중요성을 재인식해야 할 때다.

교육부의 '2015 개정교육과정'은 '창의융합형 인재' 육성을 목표로 하고 있다. 그러나 교육 현장에서는 '2015 개정교육과정'이 시대의 변화에 발맞추거나, 미래교육의 지향점까지는 담아내지 못하고 있는 것으로 보고 있다.

교육부가 학생들의 인공지능(AI) 교육, 비대면 수업에 필요한 자기주도 학습능력, 디지털 시대에 강조돼야 할 인간의 존엄성을 중시하는 교육을 '2022 개정교육과정'의 과제로 미뤘기 때문이다.

언제나 교육부는 학교 현장의 현실을 직시하지 못하고 시대 변화에 뒤처지는 정책을 반복하고 있는 듯하다. 이러한 문제를 해결하기 위해서는 학교 현장에서 교육공동체 구성원이 주체로서 새롭게 변화를 주도해야 한다는 목소리가 크다. 그럼 학교는 교육과정에서 어떤 변화를 추구해야 하는가?

국가교육과정에 의존하여 교과서를 학교 공부의 전부로 생각하는 이전의 관행과 타성에서 벗어나야 한다. 학교교육과정, 교사교육과정, 마을교육과정을 통해 아이들이 배움과 성장의 그림을 그리며 시대 변화에 발 빠르게 적응할 수 있도록 해야 한다. 그러기 위해서는 먼저 상호 존중의 관계 형성을 통해 학생들이 함께 교육과정 설계와 실행의 참여 주체로 성장할 수 있도록 해야 한다. 현재 학교 단위의 창의적인 교육과정을 만들 때, 교사들의 협력과 집단지성을 통해 교육과정을 재구성하거나 교과통합수업 등을 시행하고 있다. 이러한 노력이 의미 있는 교육과정으로 구현되기 위해서는 학생들의 의견이 적극 반영되어야 하며 학생들의 특성이나 흥미, 관심도 고려되어야 한다.

이미 일부 학교에서는 학생들을 교육과정 재구성에 참여하게 하고 있다. 현장체험 학습에서 학생들이 교과와 연계하여 장소를 선택하고, 모둠별로 탐구 주제를 정하여 스스로 해결하고 있다. 더 나아가 학습발표회, 학교축제, 체육대회 등과 같은 교육 활동도 학생들이 함께 기획하고, 프로그램을 운영하며, 평가회까지 동참하고 있다. 아쉽게도 올해는 코로나19로 인해 대부분 학교에서 학교 교육 활동이 취소되거나 소규모로 이루어졌다. 앞으로는 교육 공동체 구성원이 참여하여 시대 변화에 부응하는 온라인 축제, 온라인 현장 체험학습, e-스포츠 등 디지털 시대에 적합한 활동 방법을 개발해야 한다. 어떠한 상황에서도 학교 교육과정이 무리 없이 실행될 수 있도록 다양한 방안을 생각해 보아야 할 것이다.

또한 생활과 밀접한 교육과정을 개발해야 한다. 한 예가 마을교육과정 개발이다. 마을교육과정의 일환으로 마을과 지역의 이야기를 조사하여 마을 스토리 북을 만들거나, 마을에 있는 상점을 대상으로 물건의 유통 과정과 그것이 마을 경제에 미치는 영향 등을 학습할 수도 있다. 일부 학교에서는 농사체험활동을 교육과정과 연계하여 학생들이 지은 농산물을 급식 시간에 제공하기도 하고, 기술가정 시간의 음식 만들기 실습을 통해 삶과 연계된 교육을 하고 있다. 또한 김장을 담가 인근 사회복지 시설에 기부하며 지역과 뜻깊은 나눔을 실천함으로써 학생들이 교육과정에 참여하기도 한다.

앞으로는 교육과정을 만드는 데 교육 주체들의 집단 지성이 제대로 작동되어야 하며, 학생들의 의견이 반드시 반영되도록 해야 할 것이다.

전북교육을 교육한류의 중심으로!

김도종(전 원광대 총장,
전 인문학 및 인문 정신문화 진흥심의위원회 위원장)

전북대를 한국에서 높은 위상에 올려놓은 총장! 총체적 위기에 빠져있던 전북대를 세계 명문대학들과 어깨를 나란히 하는 성과를 이뤄낸 총장! 서거석 전 총장님을 평가하는 핵심적인 말입니다. 서울에 주소지만 두어도 일류대학으로 대접받는 것은 우리나라의 뒤틀린 교육 현장을 보여주는 단적인 사례입니다. 지방에서는 제아무리 좋은 교육환경과 좋은 교수진을 갖추어도 일류대학으로 평가받지 못하는 것이 한국의 실정인 것은 주지의 사실입니다. 서거석 총장님은 이처럼 왜곡된 교육 시장의 현실을 뛰어넘어 전북대를 명문국립대로 도약시킨 분입니다.

전라북도의 도세는 전국 하위권입니다. 흔히 전북경제를 2% 경제라고 합니다. 우리나라 총예산의 2% 규모에 불과하다는 말입니다. 인구는 계속 줄어 소멸 위기에 처한 시군이 대부분입니다.

전북대를 상위권 대학으로 만들어 낸 서거석 전 총장님은 뛰어난 전략가입니다. 대학을 발전시키기 위해 어떠한 정책을 추진해야 할 것인가를 정확하게 진단하고 발전전략을 구체적으로 세우는 능력을 보여준 분입니다.

서거석 총장님은 구성원과 함께 머리를 맞대고 구상한 전략을 현장에서 곧바로 구현하는 강한 추진력을 가진 분입니다. 그러한 추진력을 발휘하지 못했다면 대학의 변화와 혁신은 기대할 수 없었을 것입니다. 그러한 추진력은 끊임없는 대화와 소통으로 구성원과 함께하는 포용력을 가졌기에 가능한 것이었다고 봅니다. 국립대학 총장으로서 재선에 성공하였다는 것이 그분의 포용력을 증명하고 있습니다.

전북에 지긋지긋하게 붙어 다니는 꼬리표 같은 소외와 낙후를 떨치고 반드시 명문 국립대를 만들겠다는 사명감과 집념이 만들어낸 결과입니다. 서거석 전 총장님의 개인적인 인생사도 집념의 결과이고, 공인으로서의 성과도 그렇습니다.

서거석 총장님이 이제 갈등과 대립으로 침체된 전북 유·초·중·고 교육의 대전환을 위해 나섰습니다.

전북대를 살려낸 경험을 기반으로 전라북도 교육을 살려낼 것이라고 믿습니다. 그의 지도력으로 전라북도의 교육이 '교육 한류'의 중심으로 발전할 것을 믿습니다.

축적된 경험과 리더십으로
위기의 전북교육을 혁신할 리더

곽병선(제8대 군산대학교 총장)

　지방소멸이라는 말이 이제는 생소하지 않다. 한 나라가 존재하기 위해서는 국민, 영토, 주권이 있어야 한다. 나라에는 지역도 있고, 수도권도 있다. 그런데 지역이라는 영토적 요소와 국민적 요소가 소멸된다면 과연 그 나라를 온전한 국가로 볼 수 있을까?

　불행하게도 현재 대한민국은 가까운 장래에 상당수의 지역공동체가 사라지게 될 것이라고 전문가들은 예측하고 있다. 전라북도의 상황은 더욱 심각하다. 이백만 도민이라는 말이 무색하게 되었다.

　대한민국의 지역 상황은 위기이다. 위기를 극복한 역사현장을 보면 반드시 훌륭한 리더가 있었다. 인류문명도 끝없는 위기 속에서 도전과 응전으로 발전해왔다. 위기는 위험과 기회가 공존한다. 물론 어떤 리더냐에 따라서 더 위험한 상황으로 갈 수도 있고, 기회의 땅으로 갈 수도 있다.

　서거석후보가 전북대학교 제15대 총장에 입후보했을 때의 전북대학교의 상황도 큰 위기였다. 쟁쟁한 다른 후보도 있었고, 설사 당선된다하더라도 쉽지 않은 상황이었다. 그런데 예상을 뒤엎고 당선되었고, 소통을 통해서 구성원들에게 비전을 제시하고, 임기 중 전북대학교를 명문 국립대로 만들겠다는 자신의 약속을 실천하였다. 리더의 조건 중 가장 중요한 것은 비전제시와 구성원과의 소통능력 그리고 추진력이다. 4차 산업혁명이 진행되고 있고, 코로나19로 인해서 교육현장은 급변하고 있다. 기존의 낡은 교육이념과 방법으로 미래의 인재를 양성할 수 없다.

리더는 한순간에 만들어지지 않는다. 리더가 살아온 과거와 현재가 미래의 모습이다. 서거석 총장은 교수로서, 총장으로서, 시민사회의 리더로서 위기를 기회로 이끌어왔다. 기존의 고정관념을 과감히 깨트리고 혁신을 이루어왔다. 축적된 경험과 리더십으로 위기의 전북교육을 새로운 혁신의 길로 들어서게 할 것으로 믿는다. 서거석 총장은 개인적으로 30여 년전부터 같은 전공을 하는 학문적 선배로서 친형제처럼 지내왔다. 학회 활동은 물론 개인적인 대소사가 있을 때 늘 멘토역할을 해주었다. 오랫동안 늘 자상하게 배려하면서 따뜻하게 대해 준 점에 깊이 감사드린다.

서거석 형은 중학교 시절 정세균 전 총리님과 학교매점에서 아르바이트를 하였다고 한다. 먹고 싶은 빵을 마음껏 먹을 수 있어서 좋았다고 한다. 그는 지독한 가난에도 불굴의 의지로 성공한 교육자로서, 교육행정가로서 그리고 시민사회의 리더로서 이 지역과 함께 해왔다. 서거석 형과 함께하는 우리 전북교육의 새로운 미래를 기대해 본다.

서거석,
전북대학교의 새 시대를 열다

강봉근(전 전북대 교무처장,
전북대 국어교육과 명예교수)

농도인 전라북도는 우리나라가 산업화되면서 타 지역에 비해서 상대적으로 소외되었고 그 결과 모든 면에서 낙후를 면할 수 없었으며, 인구도 해마다 감소되는 현상을 보여 왔다. 지역의 현실과 불가분의 관계에 있는 거점 국립대학인 전북대학교도 마찬가지였다.

대학의 모든 구성원들은 새로운 변화를 기대하거나 비전을 갖지 못한 채 체념 속에서 주어진 현실에 안주하는 경향을 보이고 있었다. 이러한 상황 속에서 2006년 12월에 취임한 서거석 총장은 '세계 100대 대학', '국내 10대 대학'이라는 원대한 목표를 세우고 대학의 혁신과 변화를 시도하였다.

서거석 총장이 가장 먼저 시작한 일은 국내의 유명 대학들을 방문하여 그 대학의 여러 분야를 살펴보고 우리 대학이 나아가야 할 방향을 탐색한 일이다. 이 일에는 총장을 비롯하여 본부의 처장, 부처장, 과장 그리고 대학에서 여러 중요한 직책을 맡은 교수들이 다수 버스에 몸을 실었다.

우리가 방문한 대학은 서울대, 고려대, 연세대, 서강대, 이화여대, 한양대, 경북대, 부산대 등이었으며, 언어교육원을 잘 운영하는 경상대도 포함되었다.

각 대학을 방문할 때마다 먼저 전체적인 설명을 듣고, 각 부서별로 해당 부서를 방문하여 우리에게 필요한 정보들을 꼼꼼히 챙겼으며, 돌아올 때에는 우리도 이들 대학에 뒤지지 않는 대학을 만들겠다는 사명감과 꿈에 부

풀어 있었다. 이와 같은 유명 대학 방문은 우리 대학의 혁신과 변화 그리고 발전을 이루는 데 밑거름이 되었다.

한 대학을 평가하는 중요한 척도의 하나는 교수들의 연구 역량이다.

서거석 총장은 부임하자마자 교수들의 연구력 향상에 중점을 두고, 교수들의 승진에 필요한 논문의 편수를 연차적으로 올려 매년 논문을 한 편씩 쓰도록 유도하였다. 이미 정교수로 승진한 교수들에게도 최소 2년 한 편씩 논문을 쓰도록 권장하였다. 이 일을 시행하는 과정에서 교수들의 사기진작 차원에서 매년 연구비를 증액하였으며, 연말에 연구 실적이 뛰어난 교수들에게는 특별히 시상을 하기도 하였다.

또한 대학의 혁신과 발전에 공이 있는 직원들을 선발하여 포상하기도 하였다. 이와 같은 노력의 결과로 몇 년 후 전북대학교 교수들의 연구 실적은 전국적으로 상위권에 진입하게 되었다.

대학의 가장 중요한 사명은 훌륭한 인재를 양성하여 국가와 사회에 기여하는 일이다. 이러한 대학의 사명을 감당하기 위하여 서거석 총장은 교육의 질을 높이는 데 총력을 기울였다.

먼저 시대의 요구에 부응하기 위하여 교과과정을 전면적으로 개편하였고, 해외 대학들과의 자매결연을 통하여 학생들의 해외연수 기회가 대폭 확대되었다. 어려운 학생들을 위한 장학금도 매년 늘어나 누구나 조금만 노력하면 장학금을 받을 수 있게 되었다.

학생들의 후생에도 힘을 써 학생들이 사용하는 모든 시설들이 점차 새롭게 단장되었다. 보직자들이 고려대학교를 방문했을 때 깨끗하고 아름답게 꾸며진 학생식당을 보면서 우리 학생들도 이러한 시설에서 식사를 할 수 있으면 얼마나 좋을까 하는 생각을 했다. 학교에 돌아와서 즉시 이 문제를 논의하여 후생과 학생식당을 깨끗하게 단장했는데 우리가 부러워했던 고려대 학생식당에 비해 조금도 모자람이 없었다. 그곳에서 식사하는 학생들을 보면서 우리는 모두 감격하여 눈물이 날 지경이었다. 이렇게 몇 년이 지나자 전북대학교는 학생들이 의지만 있으면 얼마든지 자기의 꿈을 펼쳐 나갈 수 있는 대학으로 변모하였다. 그 결과 전북대학교는 학교에 대한 학생들의 만족도 평가에서 전국 1위 대학이 되었다.

서거석 총장이 취임하던 2006년 12월 당시에 거점 국립대학교들의 큰 화두는 대학 간의 통합이었다. 당시 정부에서는 대학 간의 통합을 권장하였고, 통합을 이룬 대학에 대해서는 여러 가지 혜택과 재정적 지원을 해 주었다. 따라서 대학 간의 통합을 이루게 되면 대학의 규모가 커짐과 동시에 정부의 자원으로 성장의 발판을 마련할 수 있었다.

통합을 이루었거나 시도하는 대학들은 강원대학교와 삼척대학교, 전남대학교와 여수대학교, 부산대학교, 밀양대학교, 경북대학교와 상주대학교 등이었다. 서 총장은 취임하자마자 도내 국립대학 간의 통합 논의를 시작하였고, 최종적으로 익산에 있는 2년제 국립대학인 익산대학과 통합을 하기로 합의하였다. 그러나 통합의 과정은 순탄하지 않았다. 전북대학교 내에서 통합에 반대하는 목소리도 있었다.

특히 익산으로 캠퍼스를 옮겨야 하는 수의과 대학의 반발이 컸다. 이러한 상황 속에서 수많은 대화와 소통이 이루어졌고, 마침내 통합이 성사되기에 이르렀다. 내부적으로 많은 진통이 있었지만 전북대학교와 익산대학의 통합은 아주 성공적인 통합으로 평가되었다.

대학이 발전하기 위해서는 무엇보다도 재정적인 뒷받침이 있어야 한다. 국립대학의 경우, 정부 지원과 학생들이 납부하는 기성회비로 운영되는데, 기성회비의 수입은 한정되어 있기 때문에 정부의 지원을 많이 받는 것이 무엇보다 중요하다. 서 총장 재임 기간 동안에 전북대학교는 매년 거점 국립대학 중에서 정부의 지원을 가장 많이 받는 대학 중의 하나가 되었다.

지금까지 대표적인 몇 가지 사안에 대해서 개괄적으로 언급했지만 서거석 총장이 재임한 8년 동안 전북대학교에서는 여러 분야에서 큰 변화와 혁신이 일어났으며, 이와 같은 변화와 혁신은 각 기관에서 시행하는 대학 평가에 그대로 반영되었다.

서 총장은 한국 대학 혁신의 모델을 만들었다. 그로 인해 중앙 매스컴으로 부터 "혁신의 아이콘"이라는 별칭을 얻기도 했다. 그래서 각 대학의 보직자들이 전북대학교를 방문하여 성공 사례들을 배워 가기도 하였으며, 부산대학교의 경우는 새로 임명된 보직자들의 연수에 서 총장을 강사로 초빙하기도 하였다.

필자는 서거석 총장의 부임 초기 2년 동안 교무처장을 맡아 봉사를 하게 되었다. 그때 곁에서 본 서 총장은 아주 성실하고 아이디어와 추진력이 뛰어난 소통 전문가였다. 직원들보다 먼저 출근하여 그날 하루의 일과를 점검하였으며, 외부에서 일이 있어 결재할 서류들이 밀려 있으면 밤늦은 시간에도 학교에 들어가 그날의 결재를 마무리하는 것으로도 유명하였다. 어떤 일을 시작할 때는 매우 신중하지만 한번 결정한 일은 과감하게 추진하는 추진력도 서 총장의 장점이었다. 그리고 중앙 정부는 물론 지자체 등 대학과 관련된 모든 기관과의 관계 개선에도 적극적이었다.

우리 대학의 보직자들과 전북 출신 교육부 공무원들과 간담회를 여러 차례 열기도 했고, 도내 각 기관의 간부들과 다른 대학의 주요 보직자들이 자리를 함께하는 경우도 많았다. 이 모든 일들이 상호협력 관계를 구축함으로써 대학의 발전에 도움이 되는 일이었다.

필자의 인생에서 가장 바빴던 때가 교무처장을 맡았던 2년 동안이었다. 전북대학교의 새 시대를 열어 가던 초창기에 그 대열에 함께했다는 점에서 이 2년 동안은 내 인생에서 가장 보람이 있었던 때이기도 하다.

내가 만난 서거석

조순구(전 전북대 부총장,
전북대 정치외교학과 명예교수)

첫 만남과 첫 인상

나는 1974년 시간강사로 전북대에 처음으로 발을 디뎠고, 1975년 법정대학의 국비 조교를 거쳐, 1978년 전임강사로 교수 생활을 시작하였다. 그동안 서거석은 1977년에 대학을 졸업하고 바로 대학원에 진학했는데, 특히 대학원 시절에 가까이서 볼 수 있었다. 그는 대학원을 졸업하고 내 뒤를 이어 다음, 그다음의 국비 조교로 근무하였다. 나는 그때의 그를 매우 성실하고 열심히 공부하던 대학원생으로 기억하고 있다. 그러니 그를 만난 지가 40년이 넘었다. 그러나 그 후 정외과와 행정학과는 법정대학에서 분리되어 인문대의 사회학과와 같이 사회과학대학을 구성하게 되었고, 법학과는 단독으로 법과대학이 되었다. 따라서 근무하는 건물도 달라졌고 조금 소원하게 지내게 되었다.

같이 일한 2년

그러던 중 2006년 전북대학교 총장 선거에서 나는 초등학교 선배 후보의 선거운동을 책임지게 되었고, 선거 결과 그 선배가 당선되었다. 그러나 정부가 최종적으로 임명해주지 않아 결국 낙마했고, 재선거가 치러졌다. 나는 재선거에는 전혀 관여하지 않았는데 서 총장이 당선되었다.

처음 서 총장과 같이 출범한 1기 본부 보직자들의 2년 임기가 끝나가면서 서 총장은 여러 차례 차기 초대 부총장을 겸하게 될 교무처장을 맡아달라고 간곡히 부탁했다. 나는 그 당시 세 번째 저서를 최종 마무리하고 있었고, 출간 이후에는 교수직을 잘 마무리하고 편안하게 정년을 맞으려고 준비하고 있었다. 따라서 처음에는 당연히 거절하였다. 그러나 서 총장의 집념은 대단하였다. 삼고초려(三顧草廬)를 넘어서 여러 차례 찾아오고, 나중에는 사모님과 같이 집에까지 찾아오자 자꾸 미안한 마음이 생겼다. 결국 서 총장의 집념과 자기가 아니라 전북대를 위해서 맡아달라는 간절한 부탁을 물리칠 수가 없었다.

나는 초대 부총장 겸 교무처장으로 일한 2년 동안 거의 매일 아침 일찍 간부회의와 여타 회의와 결재 등 격무로 처음에는 건강이 스스로 걱정될 정도였다. 그런데 나는 출장의 경우를 제외하고는 서 총장이 단 한 번도 나보다 늦게 오거나 일찍 퇴근하는 것을 본 기억이 없다. 정말로 그 건강, 부지런함, 성실성, 애교심에 여러 차례 감탄하였다.

서 총장은 전북대 병원 이사장까지 겸하고 있었기 때문에 거의 3천 명에 이르는 구성원들의 애경사를 챙기고, 심지어는 저녁에 문상 갔다가 바로 퇴근하지 않고 밤 10시가 넘어서도 다시 집무실로 돌아가는 것을 수도 없이 목격했다. 서 총장 특유의 근면성, 성실성, 청렴성과 명확한 공사(公私) 구분, 과감한 결단력과 실천력이 전북대 발전의 원동력이 되었음은 더 이상 설명할 필요가 없다고 생각한다.

서 총장의 재선과 달라진 전북대의 위상

국립대 총장의 재선 사례는 전국적으로도 별로 없다. 정치학을 전공한 내가 보기에 선거인 수가 매우 적기 때문이다. 선거인 수가 교수 1,200여 명을 포함하여 1,500표도 안 되는데, 이는 교육감 선거와는 정반대이다. 교육감은 도지사와 같이 전북 전체를 선거구로 한다. 따라서 교육감은 후보를 잘 모르는 사람들이 유권자의 대부분이라면, 총장은 모두가 잘 알고, 때로는 부탁을 들어주지 않아서 섭섭한 사람들이 유권자이다. 물론 교육감은 도지사 못지않은 중요한 자리이지만, 일반 도민들은 지사와는 달리 교육감 선거에는 별로 관심이 없고, 더구나 교육감은 교육을 정치로부터 분리시키기 위해 정당을 가질 수 없기 때문에 도민 전체를 대상으로 하는 투표에서 조직이 없는 선거를 해야 한다. 따라서 보통 이름이 많이 알려진, 즉 지명도가 높은 사람이 당선될 가능성이 높다. 이것이 바로 현직이 절대적으로 유리한 이유이고, 현 교육감이 3선을 하고 서 총장이 지난번 교육감 선거에서 실패했던 이유라고 생각한다.

어쨌든 서 총장은 뛰어난 소통능력, 끈기, 성실성, 부지런함, 과감한 결단력과 실행력으로 이룬 업적으로 어려운 국립대 재선 총장이 되어 4년 더 전북대를 이끌게 되었다. 서 총장의 8년 재임 기간 중 전북대학의 위상은 확연히 달라졌다. 이는 세계적 대학평가기관으로 권위 있는 영국의 글로벌 대학평가기관 THE와 연구력을 기준으로 발표하는 세계 대학 순위인 네델란드의 라이덴 랭킹, 국내에서 대학평가로 가장 오랜 역사와 권위를 가지고 있는 중앙일보 대학평가 등 수많은 평가로 입증되었다. 이 사실은 관심 있는 전북도민들도 많이 알고 있다고 본다. 심지어 광주·전남과 충남·충북·세종의 반도 안 되는 경제력과 인구수에도 불구하고 전북이 이들보다 더 나은 세 가지가 있는데, 대학평가에서 전북대학교, 금융기관 평가에서 전북은행, 스포츠에서 전북현대축구단이란 이야기도 있을 정도이다.

서 총장의 대외 교육 관련 활동들과 새로운 도전

서 총장은 현재 대한민국 아동정책조정위원이고, 초록우산어린이재단 전북후원회장을 역임했다. 그리고 총장 재직 시에는 전국 국·공립대학협의회 회장, 전국 국·사립 대학총장협의회 회장, 교육부 대학구조개혁위원회 위원을 역임했다.

또한 관리자로서는 그의 탁월한 업적을 배경으로 2007년 한국일보 올해의 CEO 대상, 2008년 일본 능률협회 글로벌 경영대상, 2009년 중앙일보 대한민국 창조경영대상, 2013년 TV조선 한국의 영향력 있는 CEO를 역임했다. 지역사회에서는 2014년 전북일보 올해의 전북인상, 2015년 전북애향운동본부의 전북애향대상을 수상하였다. 또 그의 청렴성은 2022년 (사)공직공익비리신고전국시민연합이 대한민국 청렴대상을 그에게 안겨주었다.

우리는 흔히 대한민국을 반세기 만에 전쟁의 폐허 속에서 명실상부한 선진국 대열에 합류할 수 있게 해준 것은 우리 민족의 교육열이라고 한다. 4차산업혁명의 시대를 맞이할 대한민국의 미래를 좌우할 건강한 민주시민이자 이제 점점 하나가 되어가는 지구촌 시민을 양성해야 할 전북 교육의 수장은 그가 살아온 이력과 이루어 온 성과로 판단할 수밖에 없다. 부지런하고 성실·근면·청렴, 결단력과 실천력은 기본이고, 인공지능과 메타버스, 그리고 초연결사회 등에 관한 미래 비전을 가지고 교육을 설계할 새로운 교육감이 필요하다. 그는 과연 누구일까?

총장실 불은
늘 가장 늦게 꺼졌다

신효근(대자인치과병원장,
전 전북대 부총장)

전북대 치과대학 설립 이후 30여 년간 교수로서 제자를 가르쳐 오던 내게, 2010년 12월부터 2년 동안 전북대 부총장으로서, 서거석 총장을 도와 작으나마 대학 발전에 힘을 보탤 수 있었던 것은 더할 나위 없는 영광이자 보람이었다. 서 총장 재선 후 첫 보직을 맡았던 우리는, 대학 환경과 여건을 개선하고 발전의 초석을 다져 실질적인 성장을 이뤄내야 하는 막중한 책임을 맡았다. 이즈음 교직원들 간에는 晝勤夜決(주근야결), 즉 '낮에는 일하고 밤에는 결재한다'는 말이 떠돌았다. 서 총장이 대학 현안을 해결하기 위해 낮에는 각 단과대학을 순회하며 교수, 학생, 직원들과 토론하고 소통하다가 밤에는 결재하느라 본부 4층 총장실의 불은 늘 늦게 꺼진다는 얘기였다. 그는 매사에 열정을 쏟았다. 학기 초, 중간고사, 기말고사 기간마다 아침이면 등교하는 학생들을 격려하고, 밤에는 도서관을 찾아 야식을 주며 학생들과 대화를 나누었다. 서울의 앞서가는 대학들을 벤치마킹하여 앞서가는 정책을 과감히 도입하고 졸업생의 취업을 돕고자 꾸준히 기업체를 찾아다니며 홍보했다

나는 당시 대학 본부 건물 외벽에 걸려 있던 대형 현수막의 "도전! 열정! 전북대"라는 슬로건을 볼 때마다 가슴에 무언가가 뜨겁게 와닿던 일을 기억한다. 다들 그러했을 것이다. 갈수록 학생과 교수, 직원들 사이에는 대학 분위기를 바꿔보자는 움직임이 번져가고 마침내 대학 전체가 혼연일체(渾然一體)가 되어 대학 발전을 위해 뛰기 시작했다. 그 중심에는 솔선수범하는 서 총장이 있었다. 성과는 곧 나타났다. 먼저 학생들의 취업률이 높아졌다. 각

종 국가자격시험 합격자 수가 늘어나고, 학부교육 선도대학에 선정돼 잘 가르치는 대학으로 이름을 알렸다. 거점국립대학으로서 전북대의 위상은 날로 높아갔다. 그는 이렇게 하나씩 학내·외에 쌓인 과제들을 해결해 가며 지금의 전북대를 만드는 위업을 달성했다.

우리 전북은 산업화에 뒤져 인구는 자꾸 줄고, 내세울 만한 기업도 없다. 그러다 보니 인재는 빠져나가고 경제 규모는 전국의 1%밖에 되지 않는다. 이런 참담한 현실에서 전북대가 '자랑스러운 전북'이라는 브랜드를 살리고 내세울 수 있게 된 것은 서 총장 재임 시 이뤄 놓은 커다란 업적이었다. 8년 임기 동안 국내외 각종 평가기관에서 발표한 결과도 놀랍거니와 다른 대학으로 벤치마킹하러 가던 대학에서 이제는 전국에서 벤치마킹하러 오는 대학으로 바뀐 것 또한 그의 정확한 판단력과 책임감, 끊임없는 열정과 추진력 덕분이었다. 더불어 한국대학교육협의회 회장으로서 대학 입시전형을 간소화하고 한국 대학 국제화의 교두보를 마련한 굵직한 업적도 빼놓을 수 없다.

늘 '일일신 우일신(日日新 又日新)'하며 대학을 새롭게 변화시키겠다는 의지와 뛰어난 행정 능력, 중요한 과제를 결정할 때면 다른 의견도 끝까지 경청하고 소통하며 원만한 결론을 내는 지도력, 샘물처럼 솟아나는 아이디어, 매사 크게 보면서 디테일에도 강한 성격…. 그는 능력 있는 사람이자 노력하는 사람이었다.

개인적으로는 부인이신 유광수 교수가 교통사고로 중상을 입고 사경을 헤맸을 때를 기억한다. 그 후 상태가 호전되어 안면부 골절상을 수술했는데 당시 내가 주치의였다. 병상의 부인을 간병하던 서 총장의 인간적인 면모가 지금도 생생하다. 회진할 때마다 그는 매시간 환자의 상황을 수첩에 깨알처럼 적어 내게 보여주었다. 곁에서 지극정성으로 간호하는 모습을 보며 세상에 둘도 없는 열부(烈夫)라고 감탄했다. 결코 아무나 할 수 없는 일이었다. 나는 국립대 총장으로서 그가 보여준 능력과 열정도 그렇거니와, 한 지아비로서 보여준 그의 자상하고 헌신적인 인간성을 마음 깊이 존경하고 있다.

교육혁신의 아이콘, 서거석

박세훈(전 전북대 교무처장,
전북대 사범대학 교육학과 교수)

좋은 조직에는 반드시 그 뒤에 훌륭한 리더가 있다.", "훌륭한 리더를 가진 나쁜 조직이 있다는 말을 결코 들어본 적이 없다." Daresh나 Brown이 리더의 중요성에 대해 언급한 주장들이다. 조직의 성패는 그 조직을 이끄는 리더에게 달려 있다고 해도 과언이 아닐 정도로 리더가 차지하는 비중은 무엇보다도 크다. 이는 어느 조직에나 해당되는 말이다. 학교는 물론이고, 교육청이나 국가도 마찬가지이다. 국가대표 축구팀이나 오케스트라단도 예외는 아니다. 지난 역사가 이를 여실히 증명하고 있다. 세종대왕, 이순신 장군, 히딩크 감독, 지휘자 카라얀 등 이루 헤아리기 어려울 정도로 그 실례는 많다. 동서고금이 마찬가지이다.

내가 오랫동안 리더십을 연구해 오면서 나름대로 터득한 지론이 있는데, 그것은 이 세상에는 세 유형의 리더가 있다는 것이다. 첫째는, 조직의 성과를 고양하기는커녕 그동안 축적해 온 성과를 저하시키는 리더로서, 이러한 리더는 자기의 역할이 무엇인지 잘 알지 못하고 시행착오만 거듭한다. 리더 자신뿐만 아니라 조직에도 불행한 경우이다. 둘째는, 현상 유지에 급급하는 리더로서, 주어진 과업만 소극적으로 수행한다. 마치 대과(大過) 없이 소임을 다하는 것이 리더의 역할이라 착각하는 경우이다. 셋째는, 조직을 발전시키는 리더이다. 그런 리더가 조직을 맡게되면 조직은 달라진다. 리더 한 사람 바뀌었을 뿐인데 조직의 성과가 달라지고, 무엇보다도 조직 구성원에게 자부심과 자신감을 심어 준다. 따라서 어떤 선거든 출마한 후보자의 경력을 잘 살펴보고 그분이 과거에 어떤 삶을 살았는지, 조직을 맡아 발전시킨 경력이 있는지 살펴보는 것은 매우 중요하다.

2022년 임인년은 국가의 리더뿐만 아니라, 우리 지역의 주요 단체장을 선출하는 중요한 해이다. 특히 앞으로 전북교육의 큰 그림을 주도할 교육 수장인 교육감 선출을 앞두고 있다. 대통령이나 도지사 및 시장, 군수 선거에 묻혀 도민의 큰 관심을 받지 못하고 있지만, 교육감은 전북교육의 경쟁력과 우리 자녀의 미래를 결정할 중요한 인물이다. 특히, 앞으로 유·초·중등교육에 관한 권한이 시·도교육청에 이양될 예정이어서 교육감의 역할이 그 어느 때보다 중요하다. 그 지역의 교육감이 어떤 교육철학과 비전을 가지고 있느냐에 따라 지역의 교육 경쟁력은 달라질 것이기 때문이다.

서거석 전 전북대 총장 앞에는 '교육혁신의 아이콘'이라는 수식어가 항상 붙는다. 중앙 언론에서 붙여 준 수식어이다. 위기에 처한 전북대학교의 총장으로 선임되어 전북대학교의 성장과 발전을 이끌었을 뿐만 아니라, 한국의 고등교육을 혁신하는 데 누구보다도 큰 영향력을 미쳤기 때문에 중앙 언론이 인정해 준 영광스러운 수식어이다. 그런 그가 교육감 선거에 뛰어들었다. 어려운 결단이었을 것이다. 편안한 삶을 포기하고 교육감 선거에 출마한 것은 개인의 영예를 누리기 위한 목적은 아니었을 것이다. 전북의 아들로 태어나 전북을 지키며 오랫동안 살아오면서 대학교육의 밑거름이 되는 전북의 보통 교육을 위기에서 구하고자 하는 남다른 결의가 크게 작용했을 것으로 생각한다.

서거석 총장과 나는 학부 시절부터 선후배로 만나 인연을 맺어 왔지만, 총장 재임 시 대학의 한 부서의 장을 맡아 지근거리에서 보좌하면서 그분의 교육철학과 능력을 직접 확인하고 알 수 있었다. 대학은 우리 사회에서 가장 보수적인 조직이다. 그런 만큼 국립대학의 총장으로 대학을 변화시키는 것은 매우 어려운 일이다. 서거석 총장이 부임하면서 전북대학교는 지방대학의 한계를 뛰어넘어 한국을 대표하는 명문 대학으로 도약했다는 평가를 받았다. 위기에 처한 대학의 총장을 맡아 8년 임기 후에 모든 대학들이 괄목상대(刮目相對)하는 명문 대학으로 바꾸어 놓은 것은 리더로서의 역량과 책임감을 보여준 대표적인 사례라 할 수 있다. 과연 서거석 총장의 리더십의 본질은 무엇인가? 특징적인 몇 가지만 소개하고자 한다.

첫째, 서 총장님은 누구보다도 성실하고 책임감이 투철한 분이시다. 총장님과 이런저런 메일을 주고받다 보면 모두가 잠든 새벽 2시나 3시에 답장이 오는 경우가 많았다. 총장 재임 시에도 밤 12시 넘게 총장실에 혼자 남아 연구하고 노력하는 모습을 자주 목격하였다. 법대 학장으로 근무할 때도 그렇고, 총장으로 재임하면서도 그랬고, 그가 남긴 흔적과 성과는 후임이 부담스러울 정도로 크다. 그만큼 책임감이 남다른 분이시다. 여건과 상황을 결코 탓하지 않으셨다.

둘째, 행정가로의 역할이 무엇인지 잘 아시는 분이다. 대학 총장과 교육감은 행정가로서의 역할을 수행해야 한다는 점에서 공통점이 많다. 교육감은 해마다 중앙정부의 일반회계나 특별회계 및 지방자치단체로부터의 전입금을 받아 예산을 집행하지만, 대학 총장은 국가로부터 주어지는 일반회계보다는 산학협력단 회계나 발전지원금에 의존하여 대학을 운영해야 한다는 점에서 총장의 부담이 큰 것이 차이가 있다. 산학협력단회계나 발전지원금은 주어진 것이 아니라 노력해야 얻어지는 예산이기 때문이다. 행정가는 최종적인 의사결정자이다. 행정가가 결정해야 할 분야는 많지만, 중요한 것이 인사권과 예산권이다. 적재적소(適材適所)의 원칙을 잘 지켰는지, 한정된 예산을 투입하여 교육 효과를 높였는지 확인하면 행정가로서의 역할을 잘 수행했는지 바로 확인할 수 있다. 한 번도 큰 조직을 맡아본 경험이 없는 사람이 조직의 수장 노릇을 잘하긴 매우 힘든 일이다. 그런 점에서 서거석 총장님은 검증된 행정가이며, 위기의 조직을 살릴 수 있는 분이라고 감히 말할 수 있다.

셋째, 소통의 달인이시다. 행정가는 조직을 위해 필요하면 누구와도 만나 설득하고 타협할 줄 알아야 한다. 흔히 불통으로 회자되는 사람들은 자기와 생각이 다른 사람과 만나기를 꺼린다. 비슷한 생각을 가진 사람들이 모여 있는 조직은 발전이 어렵다. 원대한 목표를 수립하고, 서로 비판하고, 토론하고, 설득하고, 타협하는 조직이라야 발전이 가능하다. 조직의 수장은 항상 그 중심에 서야 한다. 힘든 일을 대신 누구에게 맡길 수는 있다. 그러나 그 책임은 본인이 져야 한다.

대학은 소통이 제일 어려운 조직이다. 총장이라고 해도 구성원에게 해줄 수 있는 일이 한계가 있으며, 더구나 인사권이 없기 때문에 총장을 상관으로 생각하지도 않는다. 그런 조직에서 고정관념을 깨고, 전국 대학가에 센세이션을 일으키는 결정을 가능하게 한 것은 다름 아닌 '소통'이었다. 단과대 순회 방문이나 교수회와 숱한 대화를 통해 설명하고 의견을 청취하고 조정하고 설득한 결과이다. 아무리 바빠도 학생들과의 만남도 소홀히 하지 않으셨다. 학생의 고충을 듣고 해결해 주는 일을 마다하지 않았다. 그 결과로 대학생들을 대상으로 하는 대학 행정 서비스 만족도가 전국에서 제일 높은 대학으로 선정되기도 했다.

넷째, 지역사회와의 관계를 잘하시는 분이다. 대학이 제 기능을 발휘하기 위해서는 지역의 자치단체나 언론뿐만 아니라, 중앙의 여러 기관과의 네트워크를 잘 활용할 수 있어야 한다. 대학이든 교육청이든 폐쇄적이어서는 발전하기 어렵다. 조직의 수장은 조직을 대표하는 사람으로 대변자로서의 역할도 수행해야 한다. 그런 점에서 서 총장님은 이미 지역뿐만 아니라 중앙의 여러 기관과의 네트워크가 형성되어 있으며, 그것을 조직 발전에 잘 활용하실 수 있는 분이라고 할 수 있다. 독불장군의 자세로는 네트워크를 형성하기 어렵다. 서 총장님은 위계상 하급 조직이라고 하더라도 도움을 주고받을 수 있다는 유연한 자세를 몸소 보여주신 분이다.

서 총장님이 재임하는 동안 전국 어디를 가든 전북대학교 교수라고 하면 남들이 부러워했던 경험이 있다. 구성원들에게 그런 자부심을 심어주고, 노력하면 우리도 할 수 있다는 자신감을 심어주는 리더야말로 진정한 리더라고 생각한다. 그런 분이 새로운 조직을 맡는다면 그 조직은 발전할 수밖에 없을 것이다. 서 총장님의 앞날에 꽃길이 열리기를 기원한다.